Bernhard Schmidt

Korkyraeische Studien

Beitrage zur Topographie Korkyras und zur Erklärung des Thukydides, Xenophon und Diodoros

Bernhard Schmidt

Korkyraeische Studien
Beiträge zur Topographie Korkyras und zur Erklärung des Thukydides, Xenophon und Diodoros

ISBN/EAN: 9783743396456

Hergestellt in Europa, USA, Kanada, Australien, Japan

Cover: Foto ©berggeist007 / pixelio.de

Manufactured and distributed by brebook publishing software (www.brebook.com)

Bernhard Schmidt

Korkyraeische Studien

KORKYRAEISCHE STUDIEN.

BEITRÄGE ZUR TOPOGRAPHIE KORKYRAS

UND ZUR

ERKLÄRUNG DES THUKYDIDES, XENOPHON UND DIODOROS

VON

BERNHARD SCHMIDT.

MIT ZWEI KARTEN.

LEIPZIG,
DRUCK UND VERLAG VON B. G. TEUBNER.
1890.

Inhalt.

		Seite
	Vorbemerkungen	1
I.	Der Bericht des Thukydides	4
II.	Gebirgs- und Küstenbildung Korfus. Lage der heutigen Stadt	17
III.	Lage der alten Stadt. Korkyra und Syrakus. Die Häfen Korkyras. Stadtviertel der Aristokratie und des Demos. Agora. Akropolis	20
IV.	Antike Reste in der Palaeopolis. Tempel von Kardaki. Die Kirche der Panagia von Palaeopolis und ihre Umgebung	28
V.	Die von Thukydides erwähnten Heiligthümer Korkyras, insbesondere das Heraeon. Insel vor dem Heraeon. Insel Ptychia	32
VI.	Ausdehnung der alten Stadt. Nekropole	46
VII.	Belagerung Korkyras durch die Spartaner unter Mnasippos. Unternehmung des Iphikrates gegen das syrakusische Hülfsgeschwader. Topographische Erläuterung dieser Begebenheiten	50
VIII.	Gesammteindruck der alten Stadt. Muthmassliche Vorstadt. Die Küsten nördlich und südlich von der Stadt. Ueberreste einer römischen Villa	58
IX.	Die Landschaft Istone	58
	Anmerkungen zu Abschnitt I—IX	67
	Emendirte Stellen	98
	Register	99

Als ich im September des Jahres 1878 einige Wochen lang auf der Insel Korfu verweilen konnte, die ich auf früheren Reisen immer nur flüchtig berührt hatte, gewährte es mir einen nicht geringen Reiz, an der Hand des Thukydides den Schauplatz zu studiren, auf welchem in den ersten Jahren des peloponnesischen Krieges die furchtbare Tragödie der korkyraeischen Bürgerkämpfe sich abspielte, und ich bestrebte mich, auf dieser Grundlage, unter Herbeiziehung der sonstigen Hülfsmittel, ein möglichst anschauliches Bild von der alten reichen und mächtigen Kaufstadt zu gewinnen. Bei meinen topographischen Untersuchungen sah ich mich auf das wirksamste gefördert durch den trefflichen Johannes Romanós, dessen liebenswürdiger Diensteifer kaum einem von denen, die in neuerer Zeit zu wissenschaftlichen Zwecken das herrliche Eiland besucht haben, versagt geblieben ist. Dank der Unterstützung dieses ebenso ortskundigen wie gelehrten Freundes glaube ich denn auch zu einem wenigstens in den Hauptpunkten richtigen Ergebnisse gekommen zu sein. Nicht sehr lange nach meinem Aufenthalte daselbst erschienen die Recherches archéologiques sur les îles Ioniennes von dem Franzosen Othon Riemann, in deren erstem Theile Korfu behandelt ist (Bibliothèque des écoles françaises d' Athènes et de Rome, fascicule huitième. Paris 1879), und vor kurzem hat der Professor der Erdkunde an der Universität Breslau, Joseph Partsch, eine geographische Monographie über die Insel veröffentlicht (Petermanns Mitteilungen, Ergänzungsband XIX, 1887–1888, Nr. 88). Während Riemann das antiquarische Material mit einem gewissen Fleisse zusammengetragen hat, ohne eine entschiedene Stellung zu den Fragen der alten Topographie einzunehmen, versucht Partsch in seiner gediegenen und anziehenden Schrift, welche auch auf die hellenischen

Zeiten eingeht, selbständig die Lösung eines besonders wichtigen topographischen Problems. Aber gerade in diesem Punkte, sowie in manchen anderen, weicht meine Ansicht von der seinigen ab; zudem hat sich Partsch als Geograph so weite Ziele gesteckt, dass er doch nicht in vollem Umfange alles dasjenige berücksichtigen konnte, was der Alterthumsforscher sich muss angelegen sein lassen. Wenn ich daher schon deshalb mich veranlasst sehe, meine korkyraeischen Studien auch jetzt noch zu veröffentlichen, so bestimmt mich dazu noch ein anderer Grund. Unter den Schriftstellern, denen wir topographische Nachrichten über das alte Korkyra verdanken, nimmt Thukydides die erste Stelle ein. Die Glaubwürdigkeit seines Berichtes über die korkyraeischen Händel ist aber neuerdings lebhaft bestritten worden. H. Müller-Strübing hat in den Jahrbüchern für classische Philologie 1886, S. 585 ff., nachdem er vorher ebendas. 1885, S. 289 ff. die von Thukydides gegebene Darstellung der Belagerung Plataeaes für gänzlich unhistorisch erklärt hatte, nun auch über die Κερκυραϊκά desselben Geschichtschreibers ein ähnliches Verdammungsurtheil ausgesprochen. Wie er in der Plataeaeepisode nur eine lehrhafte Abhandlung über den Festungskrieg sieht, welche in die Form der Beschreibung einer wirklich geschehenen Belagerung eingekleidet sei, so erblickt er in der Schilderung des korkyraeischen Bürgerkrieges ein der Vorliebe für die Darstellung von Schreckensscenen und die Einflechtung von moralischen Betrachtungen entsprungenes Schauergemälde, das den wirklichen Vorgängen ebensowenig entspreche; auch glaubt er entdeckt zu haben, dass die Erzählung vom Untergang der korkyraeischen Oligarchen im vierten Buche des Thukydides weiter nichts sei als eine neue Bearbeitung der im dritten Buche berichteten blutigen Ereignisse, welche nach der Absicht des Geschichtschreibers an die Stelle der ersten Bearbeitung habe treten sollen, und die dann der Herausgeber des thukydideischen Nachlasses in Verkennung ihrer wahren Bestimmung an einem anderen, ihm passend scheinenden Platze untergebracht habe. Aber nicht allein der Schilderung jener Greuel versagt Müller-Strübing den Glauben, sondern er findet auch in allen übrigen

Partien der *Κερκυραϊκά* Unwahrscheinlichkeiten, Abgeschmacktheiten und Widersprüche in Menge, ohne dass man in jedem einzelnen Falle erkennen könnte, ob er den Historiker selbst oder seine Berichterstatter oder seinen Herausgeber oder endlich einen späteren Interpolator dafür verantwortlich macht. Die Ansicht Müller-Strübings über die Darstellung der Belagerung von Plataeae hat ja bereits mehrfach Beifall gefunden. So z. B. erklärt Max Duncker in der Geschichte des Alterthums IX, S. 491, A. 1, dass er in der Hauptsache ihm zustimmen könne. Und in W. Christs Geschichte der griechischen Litteratur S. 294[2] liest man, dass selbst Thukydides durch das Gefallen an dramatischer Darstellung in einigen Partien seines Werkes, wie in der Erzählung von den Kämpfen um Plataeae, über die Linie streng kritischer Darstellung zur phantasievollen, halb romanhaften Ausmalung der Dinge sich habe verführen lassen. Es ist daher leicht möglich, zumal bei der Müller-Strübing eigenen Lebhaftigkeit der Schreibart, die freilich, beiläufig gesagt, nicht selten in Würdelosigkeit und Frivolität ausartet, dass auch seine Abhandlung über die korkyraeischen Dinge Anklang findet. Wären die Ergebnisse, zu welchen er hier gelangt ist, richtig, so würde es kaum der Mühe lohnen, mit der Topographie des alten Korkyra sich zu beschäftigen, welche nothwendiger Weise die Nachrichten des Thukydides zu Grunde legen muss. Denn man wüsste dann auch in dieser Hinsicht nicht, ob oder in wieweit man festen Boden unter den Füssen hat. Umgekehrt muss, wenn die topographischen Angaben des Geschichtschreibers angesichts der heutigen Oertlichkeit und unter Zuhülfenahme alles sonstigen uns zu Gebote stehenden Materials zu einem deutlichen Bilde sich gestalten lassen, dieser Umstand auch bei der allgemeinen Frage nach der Zuverlässigkeit seiner Darstellung des korkyraeischen Bürgerkrieges schwer ins Gewicht fallen. Meine Untersuchungen an Ort und Stelle haben ergeben, dass die gelegentlich von Thukydides über Stadt und Insel gemachten Mittheilungen topographischer Natur sowohl unter sich, als auch mit den anderweitig zu ermittelnden Thatsachen in bestem Einklang stehen, und ich halte es für sehr wahrscheinlich, dass Korkyra zu denjenigen Kriegsschauplätzen gehört, welche er persönlich kennen gelernt hat, was übrigens, wer von seinem Besuche Siciliens überzeugt ist, als selbstverständlich ansehen muss. Es würde mit dem Zwecke dieser Schrift nicht vereinbar sein, wenn ich die Aufstellungen Müller-Strübings sammt und sonders einer kritischen Prüfung unterziehen wollte. Manche derselben sind ohnedies einer ernsthaften Widerlegung gar nicht werth. Aber da ich doch nicht umhin kann, um mir den Boden für die beabsichtigten topographischen Erörterungen zu bereiten, den ganzen Bericht des Thukydides theils seinem Wortlaute nach, theils in kürzerer Zusammenfassung dem Leser vorzuführen, so werde ich die Gelegenheit benutzen, um anmerkungsweise auf eine Reihe der von Müller-Strübing dagegen gerichteten Angriffe einzugehen, und es wird sich oft genug zeigen, wie seine Anstösse und Einwände bei näherem Zusehen in nichts zerfallen. Die Untersuchung über die korkyraeischen Händel bekundet, wie alle Arbeiten dieses Gelehrten, Geist und Scharfsinn, und ich erkenne gern an, dass dieselbe, sofern sie auch wirkliche Schwierigkeiten aufdeckt, über welche die Ausleger des Geschichtschreibers sorglos hinweggelesen haben, keineswegs unverdienstlich ist. Andrerseits erscheint hier die Willkür rein subjectiver Kritik auf die Spitze getrieben, und die Mängel, die der unleugbar hohen Begabung Müller-Strübings gegenüberstehen, vor allem das Unvermögen zu strenger Selbstzucht, treten in besonders grellem Lichte hervor.

I.

Die Abschnitte des thukydideischen Geschichtswerkes, welche für uns in Betracht kommen, finden sich im ersten, dritten und vierten Buche.

I, 24. Der Demos der von den Korkyraeern unter Führung des Korinthers Phalios angelegten, in der Folge mächtig gewordenen Pflanzstadt Epidamnos vertrieb nach längjährigen inneren Zwistigkeiten in den letzten Zeiten vor dem peloponnesischen Kriege die Oligarchen, welche darauf im Bunde mit den umwohnenden Barbaren ihre Feinde hart bedrängten. In ihrer Noth schickten die Epidamnier Gesandte nach der

Mutterstadt Korkyra und baten dieselbe, ihre Aussöhnung mit den Verbannten zu vermitteln und dem Kriege mit den Barbaren ein Ziel zu setzen. Ihre Gesandten liessen sich als Schutzflehende in dem Heraeon nieder.[1]) Aber die Korkyraeer wiesen sie ab.[2])

C. 25. In Folge dessen übergaben die Epidamnier, durch einen Bescheid des delphischen Gottes hierzu ermuthigt, ihre Stadt den Korinthern und riefen deren Hülfe an. Die Korinther sagten Beistand zu, indem sie denselben Anspruch auf die Colonie zu haben glaubten, wie die Korkyraeer, und zugleich aus Hass gegen die letzteren, welche im stolzen Bewusstsein ihres Reichthums und ihrer Macht die Pflichten der Pietät gegen die Mutterstadt Korinth vernachlässigten.

C. 26. Demgemäss schickten sie neue Ansiedler und eine Besatzung nach Epidamnos. Sobald die Korkyraeer von deren Ankunft und von der Uebergabe der Colonie an die Korinther Kunde erhielten, sandten sie schleunigst eine Flotte ab und befahlen den Epidamniern in schroffer, drohender Weise[3]), die Verbannten aufzunehmen — es waren nämlich die vertriebenen Epidamnier nach Korkyra gekommen und hatten, unter Hinweis auf die Grabmäler ihrer Vorfahren und Berufung auf die hierdurch bezeugte Verwandtschaft, um ihre Zurückführung geflehet[4]) —, und die von den Korinthern gesandte Besatzung nebst den neuen Ansiedlern fortzuschicken. Auf die Weigerung der Epidamnier begannen sie die Stadt zu belagern.

In Folge davon rüsteten die Korinther und riefen ihre Verbündeten zum Beistand auf. Nach fruchtlosen Verhandlungen der korkyraeischen Gesandten in Korinth behufs Verhütung eines Krieges kam es in den Gewässern zwischen Aktion und der Südspitze Korkyras zu einer Seeschlacht, in welcher die Korkyraeer einen entschiedenen Sieg über die Feinde davontrugen. An demselben Tage ergab sich Epidamnos den Belagerern (C. 27—29). Nach der Seeschlacht errichteten die Korkyraeer ein Siegeszeichen auf dem $\Lambda\varepsilon v$-$\varkappa\iota\mu\mu\alpha$[5]) genannten Vorgebirge ihrer Insel[6]) und tödteten die gemachten Gefangenen mit Ausnahme der Korinther, welche sie in Fesseln legten. Darauf unternahmen sie, jetzt Herren des ganzen westlichen Meeres, allerlei Feindseligkeiten gegen die Verbündeten der Korinther, wodurch die letzteren gegen Ende des Sommers[7]) sich genöthigt sahen, zum Schutze der Bedrängten ein Geschwader und Heer nach Aktion und Cheimerion in Thesprotien zu senden. Die Korkyraeer lagerten sich mit Schiffen und Fussvolk ihnen gegenüber bei Leukimma. Aber keiner griff den andern an, und nach Eintritt des Winters zogen beide heim (C. 30).

Die in den zwei auf die Seeschlacht folgenden Jahren mit grossem Nachdruck betriebenen Rüstungen der Korinther veranlassten die Korkyraeer, sich um Aufnahme in die Bundesgenossenschaft der Athener zu bemühen. Um das Zustandekommen dieses Bündnisses zu hintertreiben, schickten auch die Korinther eine Gesandtschaft nach Athen (C. 31).

Die Reden der korkyraeischen und der korinthischen Gesandten in der athenischen Volksversammlung (C. 32—43) können wir übergehen. Die Athener schlossen mit den Korkyraeern ein Defensivbündniss ab und schickten ihnen nicht lange darauf zehn Schiffe zu Hülfe mit der bestimmten Weisung an die Befehlshaber derselben, den Korinthern kein Treffen zu liefern, es sei denn, dass dieselben eine Landung auf Korkyra oder an einem anderen den Korkyraeern gehörenden Orte versuchen sollten (C. 44—45).

Nach Beendigung ihrer Rüstungen setzten sich die Korinther mit einer Flotte von 150 Schiffen gegen Korkyra in Bewegung und gingen beim Vorgebirge Cheimerion vor Anker, auf welchem sie zugleich ein Lager aufschlugen (C. 46). Als die Korkyraeer die Annäherung der Feinde erfuhren, legten sie sich mit 110 Schiffen vor eine der Sybota-Inseln, woselbst auch die zehn attischen Schiffe sich einfanden. Ihr Fussvolk lagerte auf dem Vorgebirge Leukimma. Auch die Korinther hatten auf dem Festlande viele Barbaren als Hülfsvölker aufgestellt (C. 47).

Nachdem die Korinther zur Nachtzeit von Cheimerion gegen Korkyra aufgebrochen, sahen sie bei Tagesanbruch die Schiffe der Korkyraeer auf sich zusegeln. Beide Flotten stellten sich in Schlachtordnung (C. 48). Nun folgt C. 49—51 die Beschreibung der Seeschlacht bei Sybota, der grössten, welche bis dahin zwischen hellenischen Staaten geschlagen worden.

Die Korkyraeer siegten zwar über den rechten Flügel der Feinde, wurden aber von dem linken Flügel derselben, auf welchem die Korinther selbst mit den besten Schiffen standen, hart bedrängt und schliesslich völlig in die Flucht geschlagen, wobei auch die Athener, die sich bisher darauf beschränkt hatten, durch ihre Bewegungen die Gegner zu schrecken, mit den Korinthern ins Handgemenge geriethen. Nachdem die Korinther ihre Schiffstrümmer und Todten aufgelesen und nach dem Hafen Sybota an der thesprotischen Küste verbracht hatten, gingen sie von neuem gegen die Korkyraeer vor, zogen sich aber plötzlich zurück, als gegen Abend zwanzig frische Schiffe der Athener, welche diese den ersten zehn zur Unterstützung nachgesandt, in Sicht kamen.

Am folgenden Tage segelten die dreissig attischen Schiffe und die noch seetüchtigen korkyraeischen von Leukimma nach dem Hafen Sybota zu, in welchem die Korinther vor Anker lagen, um zu sehen, ob dieselben schlagen wollten. Die Korinther stellten sich zwar auf hoher See in Schlachtordnung, unternahmen jedoch keinen Angriff, und nachdem ihnen seitens der Athener freier Abzug bewilligt worden, rüsteten sie sich zur Heimkehr und errichteten in Sybota auf dem Festlande ein Siegeszeichen. Die Korkyraeer ihrerseits richteten ein solches auf den gleichnamigen Inseln auf. Denn beide Parteien schrieben sich den Sieg zu (C. 52—54).

Auf der Heimfahrt bemächtigten sich die Korinther durch List der ihnen und den Korkyraeern gemeinschaftlich gehörenden Stadt Anaktorion am Eingang des amprakischen Meerbusens. Zu Hause angekommen, verkauften sie von den korkyraeischen Gefangenen achthundert, welche Sklaven waren; die übrigen zweihundert und fünfzig, von denen die meisten zu den angesehensten Männern ihrer Stadt gehörten, hielten sie in Gewahrsam, behandelten sie aber mit grosser Rücksicht, damit sie nach ihrer Heimkehr Korkyra ihnen zuwenden möchten (C. 55).

Hier bricht der Geschichtschreiber seinen Bericht über die korkyraeischen Dinge ab, um denselben erst im dritten Buche von C. 70 an fortzusetzen. In den dazwischen liegenden Theilen seines Werkes erwähnt er die Insel oder ihre

Bewohner nur beiläufig. Wir erfahren II, 7, dass die Athener nach dem Einfall der Thebaner in Plataeae, um sich ihrer Bundesgenossen zu vergewissern, auch nach Korkyra Gesandte schicken. Sodann werden C. 9 bei der Musterung der Streitkräfte der Lakedaemonier und der Athener die Korkyraeer als Bundesgenossen der letzteren, welche Schiffe stellen, aufgeführt. Und C. 25 erscheinen fünfzig Schiffe der Korkyraeer vereinigt mit den hundert Schiffen der Athener, welche im ersten Kriegsjahre die Küsten des Peloponnes verheeren. Darauf wird erst III, 69, d. h. im fünften Kriegsjahre, der Insel wieder gedacht. Hier berichtet Thukydides, dass die vierzig Schiffe der Peloponnesier unter Alkidas, welche Lesbos hatten entsetzen sollen, aber auf die Nachricht von dem Falle Mytilenes umgekehrt waren, in Kyllene dreizehn leukadische und amprakiotische Trieren vorfanden nebst Brasidas, welcher als Beirath für Alkidas eingetroffen war, und fährt dann erläuternd fort: 'denn die Lakedaemonier wollten, da ihnen Lesbos entgangen war, mit verstärkter Flotte nach Korkyra segeln, welches sich in innerer Zwietracht befand.' Hierbei wurden sie, wie hinzugefügt wird, von der Erwägung geleitet, dass die Athener dermalen nur mit zwölf Schiffen bei Naupaktos lagen. Sie wollten sich also beeilen, bevor ein grösseres Geschwader von Athen zu Hülfe käme, und dazu trafen Brasidas und Alkidas ihre Anstalten.

Nunmehr wird C. 70—81 der Ursprung der auf Korkyra ausgebrochenen Bürgerzwietracht und der Verlauf dieser selbst erzählt.

Die Korkyraeer, so berichtet Thukydides, befanden sich in innerem Zwiespalt seit der Rückkehr der in den Seeschlachten um Epidamnos*) Gefangenen, welche von den Korinthern waren entlassen worden, angeblich gegen ein Lösegeld von 800 Talenten"), für dessen Zahlung ihre Vertreter in Korinth sich verbürgt, in Wirklichkeit aber, weil sie überredet worden waren, Korkyra den Korinthern in die Hände zu spielen. Dieselben gingen nun ans Werk, indem sie sich an jeden einzelnen von den Bürgern wandten, um die Stadt den Athenern abwendig zu machen. Und als ein attisches und ein korinthisches Schiff, beide mit Gesandten an Bord, angekommen und diese in Berathung mit den Korkyraeern getreten waren, fassten die letzteren den Beschluss, dass sie Bundesgenossen der Athener nach dem bestehenden Vertrage bleiben, aber auch Freunde der Peloponnesier sein wollten, wie ehedem.[10]) Und den Peithias[11]), der freiwilliger Proxenos der Athener war und dem Demos vorstand[12]), zogen die aus Korinth zurückgekehrten Männer vor Gericht unter der Beschuldigung, dass er Korkyra den Athenern verknechten wolle.[13]) Als dieser freigesprochen worden war, zog er seinerseits die fünf reichsten von ihnen vor Gericht unter der Anklage, dass sie Weinpfähle aus den heiligen Hainen des Zeus und des Alkinoos schnitten[14]); es war aber als Busse auf jeden geschnittenen Pfahl ein Stater gesetzt.[15]) Als sie nun verurtheilt worden waren und wegen der Höhe der Busse an den Tempeln als Schutzflehende sich niedersetzten, um Gewährung fristenweiser Abtragung derselben zu erlangen[16]), überredete Peithias, der zufällig auch Rathsmitglied war, die Korkyraeer, dem Gesetze seinen Lauf zu lassen. Da jene durch das Gesetz von der Vergünstigung einer Fristzahlung sich ausgeschlossen sahen und zugleich in Erfahrung brachten, dass Peithias, so lange er noch Rathsmitglied sei, das Volk überreden wolle, mit den Athenern ein Schutz- und Trutzbündniss abzuschliessen, rotteten sie sich mit ihren Parteigenossen zusammen, drangen, mit Dolchen bewaffnet, plötzlich in das Rathhaus ein und stiessen Peithias und andere, sowohl Rathsherren als Privatpersonen, gegen sechzig an Zahl, nieder; nur einige wenige von den Anhängern des Peithias flüchteten sich auf die attische Triere, welche noch anwesend war (C. 70). Hierauf riefen sie das Volk zusammen, führten aus, dass ihre That die geeignetste Massregel sei, um die Verknechtung unter Athen abzuwenden, und beantragten, dass die Korkyraeer in Zukunft neutral bleiben und keine der kriegführenden Parteien mehr zulassen sollten, ausser wenn sie mit éinem Schiffe kämen; wer in grösserer Stärke erscheine, solle als Feind betrachtet werden. Und sie erzwangen die Annahme dieses Antrags. Sie schickten auch, um einer Ahndung ihrer That vorzubeugen, sogleich Gesandte nach Athen, welche über das Geschehene in der ihrem Interesse entsprechenden Weise berichten und die dorthin geflüchteten Korkyraeer überreden sollten, keine für sie nachtheiligen Schritte zu thun (C. 71). Die Athener aber nahmen die Gesandten als Aufrührer fest und brachten sie sammt den von ihnen Ueberredeten nach Aegina in Gewahrsam.[17]) Inzwischen machten die im Besitze der Gewalt befindlichen Korkyraeer nach Ankunft einer korinthischen Triere mit lakedaemonischen Gesandten einen Angriff auf das Volk[18]) und siegten im Kampfe. Als die Nacht eingetreten war, floh das Volk nach der Burg und den höheren Theilen der Stadt und setzte sich hier in Masse fest, zugleich hielt es den hyllaïschen Hafen; die Gegner aber besetzten den Markt, woselbst die meisten von ihnen wohnten, und den an demselben und gegen das Festland zu gelegenen Hafen[19]) (C. 72).

Am folgenden Tage fanden leichte Geplänkel statt, und beide Parteien schickten auf dem Lande umher und riefen die Sklaven auf, indem sie ihnen die Freiheit versprachen. Die Mehrzahl der letzteren schlug sich auf die Seite des Volkes, während den Gegnern vom Festland herüber achthundert Söldner zu Hülfe kamen (C. 73). Nach Verlauf eines Tages kam es abermals zum Kampfe, in welchem das Volk durch die Stärke der von ihm besetzten Plätze und durch seine Ueberzahl obsiegte, wie denn auch die Weiber kühn mit Hand anlegten, indem sie Ziegelsteine von den Dächern der Häuser schleuderten und über ihre Natur hinaus im Getöse Stand hielten. Nachdem die Oligarchen um die Abenddämmerung zum Weichen gebracht worden waren, steckten sie in der Befürchtung, das Volk möchte beim ersten Anlauf des Arsenals sich bemächtigen und sie selbst niedermachen[20]), die Häuser rings um den Markt sammt den zugehörigen Nebengebäuden in Brand, um den Zugang (zum Arsenal) zu versperren, wobei sie weder ihre eigenen noch fremde Häuser verschonten, so dass auch viele Kaufmannsgüter mit verbrannten und die ganze Stadt Gefahr lief, zu Grunde zu gehen, wenn der Wind sich erhoben und die Flammen in sie hinein getragen hätte.[21]) Nach Beendigung des Kampfes ruhten beide Theile und waren die Nacht über auf ihrer Hut. Das korinthische Schiff fuhr nach dem Siege des Volkes in der Stille ab, und auch von den Söldnern setzten die meisten unbemerkt nach dem Festlande über (C. 74). Am darauf folgenden Tage traf der athenische Strateg Nikostratos, Sohn des Diitrephes, von Naupaktos mit zwölf Schiffen und fünfhundert messenischen Hopliten zum Beistande ein. Derselbe bemühte sich, ein Abkommen herzustellen, und überredete sie, sich dahin zu vergleichen, dass zehn Männer als die Hauptschuldigen abgeurtheilt würden, welche nicht mehr an Ort und Stelle waren[22]), indess alle übrigen, nach Abschluss eines Vertrages unter einander und eines Schutz- und Trutzbündnisses mit den Athenern, unbehelligt in Korkyra verbleiben sollten. Nachdem er dieses zu Stande gebracht hatte, wollte er wieder absegeln. Aber die Vorsteher des Volkes drangen in ihn, fünf von seinen Schiffen ihnen da zu lassen, damit die Gegner weniger sich regen möchten, wofür sie eine gleiche Anzahl von ihren eigenen bemannen und ihm mitgeben wollten. Er willigte ein, und nun hoben sie ihre Feinde für die Schiffe aus. Diese aber fürchteten, dass sie nach Athen gebracht werden sollten, und setzten sich im Heiligthum der Dioskuren als Schutzflehende nieder.[21]) Nikostratos bewog sie, dasselbe zu verlassen, indem er sich für ihre Sicherheit verbürgte, und redete ihnen freundlich zu.[24]) Als er aber damit nichts bei ihnen ausrichtete, griff das Volk auf diese Veranlassung hin, in dem Argwohn, dass sie bei ihrer misstrauischen Weigerung, mit zu Schiffe zu gehen, nichts Gutes im Sinne hätten, wieder zu den Waffen[25]), holte auch die Waffen jener aus den Häusern[26]) und würde einige derselben, die ihm in den Wurf kamen, niedergemacht haben, wenn nicht Nikostratos es verhindert hätte.[27]) Als die andern sahen, was geschah, setzten sie sich im Heiligthum der Hera als Schutzflehende nieder[28]), und es waren ihrer nicht weniger als vierhundert.[29]) Das Volk aber, welches fürchtete, dass sie einen Handstreich unternehmen möchten, bewog sie, unter Verbürgung ihrer Sicherheit, aufzustehen und führte sie nach der vor dem Heratempel gelegenen Insel über[30]), wohin das Erforderliche ihnen geschickt wurde (C. 75).

Das in C. 76—78 Erzählte genügt es kurz zusammenzufassen.

Am vierten oder fünften Tage nach der Ueberführung der Oligarchen auf die Insel erschien die Flotte der Peloponnesier unter Alkidas in der Stärke von dreiundfünfzig Schiffen, ging im festländischen Hafen Sybota vor Anker und segelte am andren Morgen auf Korkyra los (C. 76). Die Korkyraeer rüsteten unter grossem Lärm und in gleicher Furcht vor den inneren wie vor den äusseren Feinden sechzig Schiffe aus und schickten sie, so wie eines nach dem anderen bemannt war, den Feinden entgegen, ungeachtet die Athener mahnten, sie voraussegeln zu lassen und dann mit allen Schiffen zugleich nachzufolgen. Von den vereinzelt der peloponnesischen Flotte sich nähernden korkyraeischen Schiffen gingen zwei sogleich zum Feinde über, auf anderen ward die Mannschaft unter sich selbst handgemein, und nichts vollzog sich in der gehörigen Ordnung (C. 77). So geriethen die Korkyraeer sehr ins Gedränge, und nur die Tapferkeit und das geschickte Manövriren der Athener bewahrte sie vor einer gänzlichen Niederlage und ermöglichte ihnen den Rückzug. Die Seeschlacht endete mit Sonnenuntergang (S. 78).

Da die Korkyraeer die Besorgniss hegten, dass die siegreichen Feinde gegen die Stadt ansegeln und die auf der Insel befindlichen Oligarchen aufnehmen oder sonst einen Streich ihnen spielen möchten[31]), so brachten sie die Männer auf der Insel wieder in das Heraeon und bewachten die Stadt. Die Peloponnesier aber wagten es nicht, obwohl Sieger in dem Seegefecht, gegen die Stadt anzusegeln, sondern fuhren mit dreizehn korkyraeischen Schiffen, welche sie genommen hatten, nach dem Festlande ab, woher sie gekommen waren. Ebensowenig gingen sie am folgenden Tage auf die Stadt los, obwohl man daselbst in grosser Verwirrung und Furcht sich befand, und Brasidas, wie es heisst, den Alkidas dazu zu bewegen suchte, ohne durchdringen zu können, sondern sie landeten beim Vorgebirge Leukimma und verheerten die Felder (C. 79).

Der Demos der Korkyraeer, welcher währenddessen voller Angst das Ansegeln der Feinde erwartete, trat mit den Schutzflehenden und den übrigen[32]) in Verhandlung, damit die Stadt gerettet werde, und überredete wirklich einige von ihnen, die Schiffe zu besteigen, deren man trotz der schlimmen Lage dreissig ausgerüstet hatte. Die Peloponnesier jedoch fuhren, nachdem sie bis Mittag das Land verwüstet hatten, davon. Während der Nacht wurden ihnen sechzig athenische Schiffe signalisirt als im Ansegeln von Leukas her begriffen[33]), welche die Athener auf die Nachricht von dem Aufstande und dem Vorhaben des Alkidas, mit seiner Flotte nach Korkyra zu gehen[34]), unter der Anführung Eurymedons, des Sohnes des Thukles, abgesandt hatten (C. 80). In Folge davon traten die Peloponnesier noch in derselben Nacht in aller Eile die Heimfahrt an, indem sie sich nahe der Küste hielten und sodann ihre Schiffe über die Landenge von Leukas hinüberzogen, in der Befürchtung, dass, wenn sie aussen herum segelten, sie von den Feinden bemerkt werden möchten[35]). Als die Korkyraeer die Annäherung der attischen Schiffe und die Flucht der feindlichen wahrnahmen, brachten sie die Messenier in die Stadt, die vorher aufserhalb derselben lagerten[36]), liessen die Schiffe, die sie bemannt hatten, herumsegeln nach dem hyllaïschen Hafen[37]) und tödteten, während jene auf der Herumfahrt begriffen waren[38]), die Feinde, deren sie habhaft werden konnten[39]); darauf setzten sie diejenigen, welche auf ihr Zureden die Schiffe bestiegen hatten, ans Land und thaten sie gleichfalls ab; auch gingen sie zum Heratempel, bewogen hier etwa fünfzig von den Schutzflehenden, einer gerichtlichen Entscheidung sich zu unterwerfen, und verurtheilten sie dann sämmtlich zum Tode. Die meisten der Schutzflehenden aber, welche sich nicht hatten überreden lassen, brachten sich, als sie sahen, was geschah[40]), hier in dem Heiligthum selbst einander um, und einige von ihnen erhängten sich an den Bäumen, andre schafften sich, wie ein jeder es eben vermochte, aus der Welt. Und sieben Tage lang, während welcher der mit den sechzig Schiffen angekommene Eurymedon verweilte[41]), mordeten die Korkyraeer diejenigen ihrer Mitbürger, welche sie für ihre Feinde hielten, indem sie ihnen Schuld gaben, die demokratische Verfassung umstürzen zu wollen[42]): in Wahrheit aber fielen einige auch persönlicher Feindschaft zum Opfer, und andere, welche Gelder ausgeliehen hatten, starben durch die Hand ihrer Schuldner. Und jegliches Bild des Todes bot sich dar, und was in derartigen Zeiten zu geschehen pflegt, kam alles vor, und noch mehr als dieses. Denn es tödteten auch Väter ihre Söhne, und von den Heiligthümern wurden sie hinweggerissen und an denselben niedergemacht; auch fanden einige durch Einmauerung im Tempel des Dionysos[43]) ihren Tod (C. 81).

Nach der C. 82—83 angestellten allgemeinen Betrachtung über die Folgen der Parteikämpfe innerhalb der hellenischen Staaten führt Thukydides C. 85 — das 84. Capitel ist bekanntlich unecht — im Anschluss an die C. 81 berichteten Greuel also fort:

Die Korkyraeer in der Stadt also gaben solchen Ausbrüchen der Parteiwuth erstmals wider einander Raum, und die Athener unter Eurymedon segelten ab. Hinterher machten sich die Flüchtlinge der Korkyraeer — denn es hatten sich ihrer gegen fünfhundert gerettet — durch Einnahme der auf dem Festlande angelegten Werke zu Herren über das jenseitige korkyraeische Gebiet[44]); von hier aus unternahmen sie Plünderungszüge gegen die Bewohner der Insel und fügten ihnen grossen Schaden zu, so dass eine arge Hungersnoth in der Stadt ausbrach[45]). Auch schickten sie Gesandte nach Lakedaemon und Korinth wegen ihrer Zurückführung; und als sie damit nichts ausrichteten, setzten sie einige Zeit darauf nach Beschaffung von Fahrzeugen und Anwerbung von Söldnern in der Stärke von ungefähr sechshundert Mann im Ganzen auf die Insel über, und nachdem sie ihre Fahrzeuge verbrannt hatten, um jede andere Hoffnung als die des Sieges[46]) sich abzuschneiden, stiegen sie auf den Berg Istone und errichteten daselbst eine Befestigung, von welcher aus sie die Korkyraeer in der Stadt hart bedrängten und das platte Land beherrschten[47]) (C. 85).

Hier verlässt Thukydides Korkyra und setzt seinen Bericht über die Angelegenheiten der Insel erst im vierten Buche fort. Zunächst erfahren wir aus C. 2 desselben, dass die Athener (im Frühling des Jahres 425) den Strategen Eurymedon und Sophokles, den Befehlshabern der vierzig für Sicilien bestimmten Schiffe, den Auftrag ertheilten, unterwegs zugleich der Korkyraeer in der Stadt sich anzunehmen, welche noch immer unter den Plünderungen der oligarchischen Flüchtlinge auf dem Berge litten, und dass die Peloponnesier eine aus sechzig Schiffen bestehende Flotte vorher nach Korkyra abgesandt hatten, um denen auf dem Berge Beistand zu leisten[47]), und in der Hoffnung, zu welcher die in der Stadt herrschende grosse Hungersnoth Grund gab, sich leicht zu Herren über die dortigen Dinge machen zu können. — Da die attischen Strategen bei der Umschiffung Lakonikas die Nachricht erhielten, dass die peloponnesische Flotte schon in Korkyra angekommen sei, so hatten sie um so mehr Veranlassung, ihre Fahrt dorthin zu beschleunigen, wurden aber zuerst durch stürmisches Wetter in Pylos festgehalten und mussten dann, als sie bereits Zakynthos erreicht hatten, schleunig nach Pylos zurückkehren, um dem mittlerweile vom Feinde eingeschlossenen Demosthenes beizustehen. Zum Glück für den korkyraeischen Demos hatten die Ereignisse in Pylos auch die Abfahrt der peloponnesischen Flotte nach diesem Punkte zur Folge (C. 3, 1. 5, 2. 8, 2—4. 13, 2).

Erst etwa drei Monate später (vgl. IV, 39, 1), nach der Gefangennahme der Spartaner auf Sphakteria, waren Eurymedon und Sophokles in der Lage, des vom athenischen Volke in Sachen der Korkyraeer ihnen gegebenen Auftrags sich zu entledigen. Das wird C. 46 berichtet, woselbst es heisst:

Zu derselben Zeit, da dieses geschah[49]), zogen Eurymedon und Sophokles, nachdem sie mit den athenischen Schiffen von Pylos nach Sicilien aufgebrochen und in Korkyra angekommen waren, mit den Korkyraeern aus der Stadt zu Felde gegen die auf dem Gebirge von Istone[50]) Verschanzten, welche damals nach dem Bürgerkriege vom Festlande übergesetzt waren, jetzt das platte Land beherrschten und grossen Schaden thaten. Sie nahmen die Festung im Ansturm ein; aber die Männer flohen in geschlossener Masse auf eine Höhe[51]) und trafen hier einen Vergleich dahin, dass sie die Söldner ohne weiteres übergaben, in Betreff ihrer eigenen Personen aber nach Ablieferung ihrer Waffen dem athenischen Volke die Entscheidung anheimstellten. Die Feldherren brachten sie auf Grund dieses Vertrags auf die Insel Ptychia in Gewahrsam[52]), bis sie nach Athen geschickt würden, unter der Bedingung jedoch, dass, wenn einer von ihnen bei einem Fluchtversuche betroffen würde, der abgeschlossene Vertrag für alle aufgehoben sein sollte. Die Vorsteher des korkyraeischen Demos nun, welche besorgten, dass die Athener davon absehen möchten, über die Angekommenen die Todesstrafe zu verhängen, ersannen eine List folgender Art. Von den auf der Insel in Haft Gehaltenen suchten sie einige wenige zur Flucht zu verleiten, indem sie heimlich Freunde zu ihnen schickten, welche sie, anscheinend in wohlwollender Absicht, angewiesen hatten, ihnen zu sagen [53]), dass es das beste für sie sein würde, so schnell wie möglich sich davon zu machen, ein Fahrzeug wollten sie selbst in Bereitschaft halten [54]); denn die athenischen Feldherren gingen damit um, die Gefangenen dem korkyraeischen Demos auszuliefern (C. 46). Wie sie nun jene wirklich zur Flucht überredet hatten, und dieselben beim Abfahren auf dem listiger Weise bereitgestellten Fahrzeug ergriffen wurden [55]), war der Vertrag aufgehoben, und so wurden die Gefangenen sämmtlich den Korkyraeern ausgeliefert. Dass aber der gebrauchte Vorwand einleuchtend erschienen und die Urheber des Anschlags zuversichtlicher vorgegangen waren, dazu hatte nicht am wenigsten das Verhalten der athenischen Feldherren beigetragen, welche, wie deutlich zu erkennen war, nicht wünschten, dass anderen, weil sie selbst nach Sicilien weiter fuhren, die Ehre der Ueberführung der Gefangenen nach Athen zu Theil würde [56]). Nachdem die Korkyraeer diese in Empfang genommen, schlossen sie sie in ein grosses Gebäude ein, aus welchem sie dann je zwanzig von ihnen herausführten und durch zwei Reihen von Schwerbewaffneten hindurchgehen liessen, welche, zu beiden Seiten aufgestellt, auf die an einander Gefesselten loshieben und -stachen, so oft einer einen persönlichen Feind unter ihnen gewahrte. Und Leute mit Peitschen, die nebenher gingen, trieben die langsamer vorwärts Schreitenden [57]) an (C. 47). Gegen sechzig Männer führte man auf diese Weise heraus und brachte sie um, ohne dass die in dem Gebäude Zurückgebliebenen etwas davon merkten (sie glaubten nämlich, man wolle ihnen irgend einen anderen Aufenthaltsort anweisen). Als sie es aber inne wurden oder jemand es ihnen offenbarte [58]), da riefen sie die Athener an und erklärten, sie selbst möchten sie tödten, wenn sie einmal ihren Tod wünschten; aus dem

Gebäude werde keiner mehr, herausgehen, und ebensowenig würden sie, so viel an ihnen sei, jemanden hineinkommen lassen. Die Korkyraeer hatten aber selbst auch nicht die Absicht, durch die Thür den Eingang zu erzwingen, sondern sie stiegen auf das Dach des Gebäudes, durchbrachen die Decke und warfen nun mit Ziegelsteinen und schossen hinunter. Die Gefangenen schützten sich dagegen, so gut sie konnten, und zugleich brachten die meisten von ihnen sich selbst um, indem sie die von den Feinden abgeschossenen Pfeile sich in die Kehle stiessen und sich erhängten mit den Gurten einiger in dem Raume befindlichen Betten und mit Stricken, die sie aus ihren Kleidern angefertigt [59]). Und so fanden sie auf jede Art, indem sie während eines grossen Theils der Nacht, die über dem Unheil hereingebrochen war, sich selbst tödteten und von den Geschossen der oben Stehenden getroffen wurden, sämmtlich ihren Untergang. Als es Tag geworden war, warfen die Korkyraeer die Leichname quer über einander auf Wagen und brachten sie zur Stadt hinaus. Die Weiber aber, welche in der Festung waren gefangen genommen worden, benutzten sie für sich als Sklavinnen [60]). Auf solche Weise wurden die Korkyraeer vom Berge durch das Volk vernichtet, und die innere Zwietracht, die eine so grosse Ausdehnung angenommen hatte, erreichte damit ihr Ende, was diesen Krieg betrifft [61]). Denn von der anderen Partei war nichts mehr übrig, was in Betracht kommen konnte. Die Athener segelten nunmehr nach Sicilien weiter, wohin sie von Anfang an bestimmt waren, und führten gemeinsam mit ihren dortigen Bundesgenossen kriegerische Unternehmungen aus (C. 48).

II.

Ehe wir im Anschluss an den vorstehenden Bericht des Thukydides in die topographischen Specialfragen eintreten, ist es unerlässlich, einige allgemeinere Bemerkungen über die Gebirgs- und Küstenbildung Korfus, sowie über die Lage der heutigen Stadt vorauszuschicken.

Bestimmend für das Relief der Insel und ihre Gliederung sind zwei mächtige Gebirgszüge, von welchen der eine, im nördlichen Theile Korfus, von Nordosten nach Südwesten streicht, während der andere, südwestlich an jenen sich anschliessend, in südöstlicher Richtung eine lange Strecke die Westküste begleitet, dann aber, ungefähr in der Mitte der ganzen Längenausdehnung des Eilandes, quer über die Breite desselben nach der Ostküste hinübergreift. Der erstere Gebirgszug hat seine höchste Erhebung in seiner nordöstlichen Hälfte in dem Berge Παντοκράτορας (Vulgarform für Παντοκράτωρ), welcher bis zu einer Höhe von 914 M. (nach Partsch a. a. O. S. 9) ansteigt. Sein Name ist hergenommen von einem auf seinem höchsten nordöstlichen Gipfel befindlichen Kloster τοῦ Παντοκράτορος und kommt zunächst nur diesem Gipfel zu, wird aber auch auf den ganzen Berg ausgedehnt. Der Pantokrator fällt südlich in steilen Wänden nach dem Meere ab. Die Gestalt seines Kammes, von der Umgebung der heutigen Stadt aus betrachtet, ist eine sehr charakteristische: eine horizontale Linie, von deren beiden Enden ein schroffer kegelförmiger Gipfel emporragt. Der nach Südosten streichende Gebirgszug zeigt geringere Höhen, aber mannigfaltige und gleichfalls sehr charakteristische Formen. Seine höchste Erhebung erreicht er, nachdem er die Westküste verlassen hat, in dem in der Mitte der Inselbreite aufsteigenden stattlichen Berge Ἅγιοι Δέκα, dem Zehnheiligenberge, an welchen sich der niedrigere, bis dicht an die Ostküste hinantretende Σταυρός oder Kreuzberg anschliesst.

Durch die beiden soeben beschriebenen Gebirgszüge ist die natürliche Gliederung Korfus in drei Theile gegeben, das nördliche Bergland, das Mittelland und den jenseits des quer von der West- nach der Ostküste hinübertretenden Gebirgszugs beginnenden Südabschnitt der Insel. In der That unterscheidet auch das Volk diese drei Theile, indem es den ersten στὸ Ὄρος[62]), also das Gebirge κατ' ἐξοχήν, den zweiten ἡ Μέση, den dritten τ' Ἀλεύκι[63]) nennt. Aber es fügt denselben noch einen vierten hinzu, nämlich τὰ Γύρου, mit welchem Namen es den nordwestlichsten Theil der Insel jenseits des von Nordosten nach Südwesten streichenden Gebirgszugs bezeichnet. Denn während dieser Gebirgszug die breiten Massen seines Ostflügels bis nahe an die Küsten streckt, lässt er, allmählich sich verschmälernd, im Nordwesten Raum für eine Kessellandschaft, deren rundliche Gestalt offenbar den Anlass zu ihrem Namen gegeben hat.[64]) Diese Landschaft und das Mittelland sind die fruchtbarsten und daher auch am dichtesten bevölkerten Theile Korfus. Die langgestreckte, sichelförmig gekrümmte Insel reicht mit ihrem Nordostende so nahe an das epeirotische Festland, welchem sie vorgelagert ist, dass ein schmaler, kaum eine Stunde breiter Sund entsteht, und indem auch die Südostspitze Korfus wieder nahe an Epeiros hinantritt, erhält das Meer zwischen den beiden sich gegenüber liegenden Küsten das Aussehen eines grossen Binnensees. Im Gegensatz zu diesem geschützten Golfe heisst das offene Meer westlich von Korfu beim Volke τὸ ἀγριοπέλαγο oder ἡ ἀγριοθάλασσα, das Wildmeer.

Die dem Festlande zugekehrte Ostküste der Insel zeigt ungefähr in der Mitte ihrer ganzen Linie einen durch die Mannigfaltigkeit seiner Formen auffallenden Vorsprung. Derselbe wird durch eine halbkreisförmige Bucht, die Bai von Kastrádes, in zwei Halbinseln, eine nördliche und eine südliche, getheilt. Die letztere, welche wir nach einer auf ihrer Höhe befindlichen Kirche τῆς ἀναλήψεως (vgl. unten Abschnitt III) mit Partsch die Análipsis-Halbinsel nennen wollen, ist eine schmale, gerade nach Süden gerichtete Hügelzunge, welche mit ihrem östlichen Rande steil nach der See abfällt, während ihre Westseite sich sanfter nach der Λίμνη τοῦ Χαλικιόπουλου abdacht, einer nach einem ehemaligen Besitzer so genannten Lagune, welche von Süden her so tief in das Land einschneidet, dass zwischen ihrem nördlichen Ufer und der Bai von Kastrades nur ein schmaler Isthmus bleibt, das einzige Band, durch welches die Analipsis-Halbinsel an den Inselkörper geknüpft ist. Vor dem engen Eingang in jene Lagune erhebt sich steil aus dem Meere eine Klippe, τὸ Ποντικονήσι, d. i. die Mäuseinsel, genannt, welche auf ihrer Oberfläche ein kleines, ungemein malerisch zwischen schlanken, dunkeln Cypressen hervorschauendes Mönchskloster der μεταμόρφωσις τοῦ Σωτῆρος trägt. Wenig weiter nördlich und dem Eingang in die Lagune noch näher befindet sich eine zweite, kleinere und viel niedrigere Klippe mit einem Nonnenkloster der Παναγία Βλαχέραινα, welches mit dem Fusse des südlichsten Hügels der Analipsis-Halbinsel durch einen rohen steinernen Steg verbunden ist. — Die andere, nördliche Halbinsel des östlichen Küstenvorsprungs hat eine breitere Basis und kehrt, allmählich sich verjüngend, ihre Spitze nach Nordosten, schiebt aber zugleich östlich eine schmale Zunge mit zwei schroff aufsteigenden, durch einen Sattel verbundenen Felsgipfeln weit in den Golf vor. Diese Halbinsel ist das Local der heutigen Stadt, und den eben genannten, dem Seefahrer schon von ferne winkenden Zwillingsfelsen verdankt sie ihren Namen Korfu, welcher dann weiter auf die ganze Insel übergegangen ist.[65])

Die östlich vorspringende Landzunge mit dem Doppelgipfel ist seit der byzantinischen Zeit befestigt und wird 'die alte Festung' genannt im Gegensatz zu der auf den Anhöhen westlich über der Stadt gelegenen, von den Venetianern angelegten, von den Engländern ausgebauten und erweiterten 'neuen' Festung. Die Stadt kehrt ihre Hauptfront östlich nach der alten Citadelle, ist aber durch einen freien, sehr geräumigen Promenadenplatz, die Esplanade, von ihr geschieden. Südlich davon dehnt sich um Meeresufer bis an den Fuss der Analipsis-Halbinsel die Vorstadt Garítsa oder Kastrádes[66]) aus, welcher nördlich eine zweite, Manduki, entspricht. Nordöstlich von der Stadt liegt die Insel Vido[67]), auf welcher die Engländer eine sehr starke Festung angelegt hatten, die sie bei ihrem Abzuge, ebenso wie die s. g. neue Festung, schleiften. Zwischen dieser Insel und der Stadt ist die geschützte Rhede von Korfu. Unmittelbar daran schliesst sich noch eine kleine, von der Nordostecke der nördlichen Halbinsel und dem Rande der Citadellenfelsen gebildete Bucht an. Ein gutes Stück nordwestlich von Vido ist vor die Ostküste Korfus noch ein zweites, um mehr als die Hälfte kleineres Inselchen Λατσαρέτο (d. i. lazzaretto) gelagert, auf welchem die Quarantäne sich befindet.

III.

Die alte Stadt, zu deren Betrachtung wir nunmehr übergehen können, nahm nicht die Stelle der heutigen ein, sondern lag in einiger Entfernung von derselben auf der nach Süden vorgestreckten Analipsis-Halbinsel, an welcher noch jetzt der Name Παλαιόπολις, Altstadt, haftet. Es kann wohl nicht bezweifelt werden, dass diese Halbinsel einstmals eine Insel war. Denn der schmale und ganz niedrige Isthmus, durch welchen allein sie mit dem Hinterland zusammenhängt, ist allem Anschein nach durch allmähliche Anschwemmung entstanden.[68]) Jedoch hat diese Verwachsung mit dem Inselkörper in geschichtlich früher Zeit, möglicher Weise noch vor der in der zweiten Hälfte des achten Jahrhunderts erfolgten Besiedelung Korkyras durch die Korinther, stattgefunden. Denn das Vorhandensein der erwähnten Landenge wird nicht nur für das fünfte Jahrhundert durch den Bericht des Thukydides, sondern auch schon für das voraufgehende durch die hier gefundenen alterthümlichen Grabdenkmäler[69]) erwiesen, wenn auch damals der Isthmus etwas schmäler gewesen sein wird, als gegenwärtig. Merkwürdig ist die grosse Aehnlichkeit, welche hinsichtlich der örtlichen Verhältnisse zwischen den Schwesterstädten Korkyra und Syrakus obwaltet: hier wie dort eine weit nach Süden vorspringende schmale Halbinsel, ehedem ein Eiland, nachmals durch ein schwaches Band an die Hauptinsel geknüpft, mit einer zur Hafenanlage vorzüglich geeigneten Bucht an jeder der beiden Seiten; nur dass in Syrakus die Verbindung Ortygias mit dem Hinterlande durch einen künstlichen Damm hergestellt wurde[70]), während in Korkyra die Natur selbst das Werk scheint verrichtet zu haben. Eine alte Ueberlieferung, welche Strabon VI, p. 269 uns aufbewahrt hat, bringt die Gründung dieser beiden Pflanzstädte Korinths mit einander in Verbindung, indem sie meldet, dass Archias, der Oikist von Syrakus, auf der Fahrt nach Sicilien den Herakleiden Chersikrates mit einem Theile seiner Mannschaft in Scheria, dem nachmaligen Korkyra, zum Zwecke der Besiedelung dieses Eilandes zurückgelassen habe. Wer die augenfällige Aehnlichkeit der Lage beider Städte erwägt und ferner bedenkt, dass die sicilische Colonie für die Korinther erst dann rechten Werth haben konnte, wenn der gegenseitige Verkehr in Korkyra einen sicheren Stützpunkt fand[71]), wird geneigt sein, dieser Ueberlieferung den Vorzug zu geben vor der anderen, welche Chersikrates selbständig und erst im dritten

Jahrzehnt nach der Gründung von Syrakus einen Auswandererzug nach Korkyra führen lässt.[72])

Die beiden von Thukydides erwähnten Häfen Korkyras sind längst richtig bestimmt. Der Geschichtschreiber sagt, dass der eine gegen das Festland zu gelegen sei; den anderen nennt er Ύλλαϊκὸς λιμήν (oben S. 10). Demnach ist der erstere die heutige Bai von Kastrades an dem Nordostende der Analipsis-Halbinsel, der letztere der heutige See des Chalikiópulos an der Westseite derselben. Der Name Hyllaïkos ist diesem Hafen unzweifelhaft nach der dorischen Phyle der Ύλλεῖς gegeben worden, und man darf jedenfalls mit Duncker Gesch. des Alterth. V,[5] S. 404 hieraus folgern, dass dieser Stamm unter den korinthischen Ansiedlern vertreten war, wie denn auch in einer korkyraeischen Inschrift Hylleer vorzukommen scheinen.[73]) Bei Apollonios Argonaut. IV, 1125 heisst dieser. Hafen Ύλλικὸς λιμήν. Nach Eustathios zu Dionys. Perieg. 492 (Geogr. Gr. min. II, p. 310 M.) wurde der eine von den zwei Häfen Korkyras Hafen des Alkinoos genannt[74]), und die Scholien zu derselben Stelle, in diesem Punkte etwas genauer als der Commentar des Eustathios, unterscheiden den Alkinooshafen ausdrücklich vom hyllaïschen.[75]) Ersterer ist folglich der bei Thukydides namenlose Hafen am Nordostende der Halbinsel. Der stolze Anspruch der Korkyraeer, die Erben und Nachfolger der homerischen Phaeaken zu sein[76]), welcher Veranlassung gewesen war, dass sie deren Könige die Ehren eines Heros erwiesen und einen heiligen Hain ihm weihten (oben S. 9), hatte also auch dazu geführt, dass sie dem einen ihrer beiden Häfen seinen Namen gaben. Es liegt nahe zu vermuthen, dass sie den Herrschersitz des alten Fürsten auf die Höhe jener in unmittelbarer Nähe ihrer Stadt so kühn aus dem Meere aufsteigenden Zwillingsfelsen verlegten, welche, wie oft bemerkt worden ist, auch dem Dichter der Aeneïde vorzuschweben scheinen, wenn er 'der Phaeaken luftige Burgen' den Blicken seines gen Italien steuernden Helden in der Ferne entschwinden lässt[77]), und es verstand sich dann wie von selbst, dass sie diejenige Bucht, deren Wellen den Fuss des Doppelgipfels bespülen, als Hafen des Alkinoos bezeichneten.

Skylax Peripl. 29 (Geogr. Gr. min. I, p. 34 M.) erwähnt

drei Häfen bei der Stadt, von welchen der eine verschliessbar sei [78]). Ich zweifle nicht daran, dass er unter dem dritten Hafen die Bucht am Nordrande der Citadellenfelsen verstanden hat, welche dem Stadtgebiete des alten Korkyra noch nahe genug liegt, um als λιμὴν κατὰ τὴν πόλιν bezeichnet werden zu können. Dieselbe Ansicht hat schon Martin Leake vertreten, wie aus Bloomfields Thukydides-Ausgabe vom Jahr 1812, Vol. I, p. 502 (vgl. auch Leakes Plan der Stadt ebds. hinter p. 302) zu ersehen ist, obwohl er eine unhaltbare Vermuthung daran anknüpft. Dagegen denken die meisten an den grossen, durch die Insel Vido geschützten Ankerplatz der heutigen Stadt, welcher schon weiter von der Stätte der alten entfernt ist und schwerlich als Hafen im antiken Sinne gelten kann. Unter dem verschliessbaren Hafen aber ist sicher kein anderer als der hyllaïsche zu verstehen, dessen enger Eingang leicht durch eine Kette gesperrt werden konnte.

Es unterliegt wohl keinem Zweifel, dass dieser Hafen, welcher überdies noch durch die beiden vor seinem Eingang liegenden Felsklippen (oben S. 19) geschützt ist, in den ältesten Zeiten der eigentliche und einzige Kriegshafen der Korkyraeer war. Aber schon im fünften Jahrhundert v. Ch. muss derselbe, wie mehrere Stellen des thukydideischen Berichtes erkennen lassen, an Bedeutung erheblich hinter dem Alkinooshafen zurückgestanden haben. Das von Thukydides erwähnte Arsenal lag an dem letzteren. Denn die Oligarchen, welche den Markt und den in unmittelbarer Nähe desselben gelegenen Alkinooshafen besetzt hielten und von hier aus gegen den Demos vorgingen, griffen ja nach ihrer Niederlage zu dem verzweifelten Mittel, sämmtliche Häuser rings um den Markt einzuäschern, um dadurch den befürchteten Angriff der Sieger auf das νεώριον zu vereiteln.[79]) In einem späteren Stadium des Bürgerkriegs, nach dem unrühmlichen Seekampfe der Korkyraeer gegen die Flotte des Alkidas, werden die dreissig Schiffe, welche man gegen eine unmittelbare Bedrohung der Stadt selbst noch aufzubieten vermag, im Hafen des Alkinoos ausgerüstet, wie daraus hervorgeht, dass die Demokraten, sobald sie von der plötzlichen Abfahrt der Peloponnesier und der Annäherung der Flotte Eurymedons Kunde erhalten, diese

Schiffe, auf denen sich auch Leute von der oligarchischen Partei befanden, nach dem hyllaïschen Hafen beorderten, um während der Fahrt derselben dorthin das beabsichtigte Morden in der Stadt desto sicherer vollführen zu können. Diese Fahrt nahm immerhin einige Zeit in Anspruch, da man eben, um von dem einen Hafen in den anderen zu gelangen, die ganze langgestreckte Halbinsel zu umschiffen hatte, daher denn auch Thukydides hier ganz treffend die Ausdrücke $περιπλεῦσαι$ und $περικομίζεσθαι$ gebraucht (III, 81, 2).

Nach dem Gesagten steht also fest, dass der Alkinooshafen nicht blos Handels-, sondern auch Kriegshafen war, gerade so wie in Attika der grosse Hafen des Peiraeeus sowohl das Emporion, als auch die Kriegswerft Kantharos in sich schloss. Er war geräumig genug, um beiden Zwecken dienen zu können. Aus Gründen, die sich im Verlaufe der Darstellung ergeben werden, halte ich es für sehr wahrscheinlich, ja für sicher, dass der Kriegshafen den südlichen, der Handelshafen den grösseren nördlichen Theil der Bai von Kastrades einnahm. Die Bucht jenseits der Citadellenfelsen, der dritte $λιμὴν κατὰ τὴν πόλιν$ des Skylax, wird gleichfalls dem Handelsverkehr gedient haben, und wenn dieselbe durch einen Kanal mit dem Alkinooshafen in unmittelbarer Verbindung stand, eine Frage, die ich später in bejahendem Sinne zu erledigen hoffe, so konnte sie auch als eine blosse Fortsetzung von diesem angesehen werden. Es erklärt sich dann sehr einfach, wie die einen von drei, die anderen nur von zwei Häfen der Korkyraeer sprechen konnten. Das Emporion des Alkinooshafens aber erhält auf diese Weise eine grössere, dem regen Schiffsverkehr in Korkyra[50]) entsprechende Ausdehnung.

Die Gründe für das frühzeitige Zurücktreten des hyllaïschen Hafens hinter demjenigen des Alkinoos sind unschwer zu erkennen. Ersterer gewährte zwar den Schiffen eine sichere Zuflucht und liess sich leicht vertheidigen, war aber wegen seiner vom freien Meere abgekehrten Lage, der engen Einfahrt und der beiden Klippeninselchen davor für einen lebhafteren Schiffsverkehr nicht sehr geeignet. Der Alkinooshafen dagegen lag unmittelbar am Rande der grossen, von der Insel Korkyra und dem epeirotischen Festlande eingefassten Meeresstrasse und bot von Süden, wie von Norden her einen bequemen Zugang. Hierzu kam, dass er von einer grossentheils flachen Küste umgeben war, welche die Entwickelung der Stadt nach dieser Seite begünstigte, während der hyllaïsche Hafen an den zwar nicht sehr steilen, aber doch stetig ansteigenden Westhang des Höhenzugs der Halbinsel anstiess. Daher finden wir die Agora in der nächsten Nachbarschaft des Alkinooshafens, und an ihr nicht nur die grossen Waarenlager, sondern auch die Wohnhäuser der Aristokratie, welche sich eben dadurch, wie Busolt Griech. Gesch. I, S. 306 richtig bemerkt, als eine Geld- und Handelsaristokratie charakterisirt. Der Demos dagegen wohnte abseits von diesem vornehmen Stadttheile zumeist auf der westlichen Lehne der Hügelkette. Dahin zog er sich nach dem ersten, für ihn ungünstigen Kampfe mit den Oligarchen zurück, um von hier aus die in seinem Bereiche liegenden wichtigsten Punkte, die Akropolis, die er unmittelbar über sich, und den hyllaïschen Hafen, den er unter sich hatte, zu besetzen, und die natürliche Stärke seiner Stellung war es hauptsächlich, an welcher der erneute Angriff der Gegenpartei abprallte. Wenn aber an diesem zweiten Kampfe auch die Weiber des Demos sich betheiligten, indem sie von den Dächern der Häuser herab einen Hagel von Ziegelsteinen gegen die anrückenden Oligarchen richteten, so folgt daraus eben, dass der Demos in jenen höher liegenden Theilen der Stadt nicht blos für den Augenblick sich festgesetzt hatte, sondern dass er daselbst sesshaft war (vgl. oben S. 10.).

Da sowohl das politische Leben, wie der Seehandel der Korkyraeer in der Niederung am östlichen Hafen sich concentrirte, wo die reichsten und angesehensten Bürger wohnten, so darf es nicht Wunder nehmen, dass hier, trotz dem Vorhandensein eines verschliessbaren Hafens an der anderen Seite der Stadt, zur Zeit des peloponnesischen Krieges auch das Arsenal und die Hauptstation der Kriegsflotte sich befand. Die Colonie der Korinther auf Korkyra hatte ungemein rasch einen hohen Aufschwung genommen. Schon in der ersten Hälfte des siebenten Jahrhunderts v. Ch. konnte sie mit der Mutterstadt in einer Seeschlacht sich messen[1]), und zu Anfang des fünften zählte sie zu den bedeutendsten Seemächten

Griechenlands.[82]) Im Bewusstsein ihrer Stärke konnten die Korkyraeer es wagen, ihr Arsenal an den zwar von Natur weniger gegen einen feindlichen Angriff geschützten, im übrigen aber grosse Vortheile bietenden Alkinooshafen zu verlegen, und wir werden schwerlich fehl gehen mit der Annahme, dass dies eben zur Zeit der höchsten Blüthe des Inselstaates, in der ersten Hälfte des fünften Jahrhunderts, geschehen ist. Auch in Syrakus hat eine Verlegung des Arsenals von dem einen Hafen nach dem anderen stattgefunden.[83]) Es ist nicht unwahrscheinlich, dass für die Bevorzugung des Alkinooshafens nicht nur als Emporion, sondern auch als Station der Kriegsflotte noch ein weiterer Grund massgebend war. Der hyllaïsche Hafen ist heut zu Tage völlig verschlammt und so seicht, dass höchstens flache Fischerkähne ihn befahren können: seine Wassertiefe mag auch im Alterthum keine bedeutende gewesen sein, und so wird er auch hierin dem anderen, am Rande des freien Meeres gelegenen nachgestanden haben.[84])

Die kreisförmige Agora muss wenig landeinwärts vom südlichen Ufer des Alkinooshafens, unter den nordwestlichen Abhängen des Hügels, auf welchem das später näher zu besprechende Nonnenkloster der heiligen Euphemia steht, angesetzt werden. In dieser Gegend[85]) ist die aus der Sammlung des ehemaligen Schatzmeisters der ionischen Republik James Woodhouse ins britische Museum gekommene Bronzetafel gefunden worden, auf welcher ein Beschluss der korkyraeischen Volksversammlung ($\dot{\alpha}\lambda i\alpha$) eingegraben ist, wonach dem Athener Dionysios, dem Sohne des Phrynichos, und seinen Nachkommen die Proxenie und das Recht der Erwerbung von Grundbesitz ertheilt wird.[86]) Diese Urkunde, das älteste der uns bekannten korkyraeischen Proxeniedecrete und wahrscheinlich noch dem vierten Jahrhundert v. Ch. angehörend[87]), war, wie die Löcher in den Ecken des Giebelfeldes und an beiden Seiten des Fusses der Tafel zeigen, ehemals an der Wand eines öffentlichen Gebäudes befestigt, und dass dieses letztere an der Agora gestanden habe, ist eine schon an sich berechtigte und um so mehr begründete Annahme, als der Fundort des Volksbeschlusses mit dem Zeugniss des Thukydides über die Lage des Marktes gut zusammenstimmt. Eine ähnliche

Bronzetafel von Rhegion, worauf ein Proxeniedecret für einen römischen Praetor Cn. Aufidius, war im Buleuterion daselbst aufgestellt.[88]) Die heutigen Terrainverhältnisse weisen darauf hin, dass der korkyraeische Markt, gleich demjenigen Athens, eine sanft geneigte Fläche bildete. Ist nun die obige Ansetzung der Agora richtig, so muss die Kriegswerft des Alkinooshafens den südlichen Theil desselben eingenommen haben, da die Oligarchen die Häuser rings um den Markt sammt den Nebengebäuden in Brand zu stecken sich entschlossen, um dadurch einen Angriff des Demos auf das von ihnen besetzte Arsenal unmöglich zu machen: hätte das letztere an der nördlichen Hälfte des genannten Hafens gelegen, so würde diese Massregel zwecklos gewesen sein.[89]) Der Südspitze des Alkinooshafens sind einige niedrige Klippen vorgelagert, und es ist daher nicht unwahrscheinlich, dass dieselbe einst etwas weiter ins Meer sich vorgestreckt hat, wodurch diesem Theile des Hafenbeckens grösserer Schutz verliehen wurde, und dass ein Streifen Landes im Laufe der Zeit durch die Brandung abgerissen worden ist. Von dem Emporion wird die Kriegswerft durch einen Steindamm abgetrennt gewesen sein, wie es im grossen Hafen des Peiraeeus der Fall war.[90])

Was die Akropolis betrifft, so steht so viel fest, dass sie auf der Höhe der nach Süden gestreckten Landzunge lag, den hyllaïschen Hafen beherrschend. Aber genau lässt sich ihre Stelle nicht mehr ermitteln. Der Höhenzug der Halbinsel beginnt gleich über dem südlichen Ufer des Alkinooshafens mit einem Vorhügel, auf welchem das Nonnenkloster der heiligen Euphemia steht, steigt dann weiter auf zu dem Hügel, den die ehemalige Sommerresidenz des englischen Lord-Obercommissärs, die jetzige königliche Villa mit ihrem herrlichen Parke einnimmt, und erreicht seine höchste Erhebung im mittleren Theile der Landzunge in dem Hügel, dessen breiter Rücken eine Kirche τῆς ἀναλήψεως, d. i. der Himmelfahrt Christi, und ein kleines Dorf gleichen Namens trägt. Die Stätte dieser Kirche selbst mit dem sie umgebenden Dörflein ist noch nicht der höchste Punkt des Hügels, sondern südlich dahinter ragen noch zwei höhere, durch einen Sattel verbundene Kuppen auf, die vordere von beiden mit einer jetzt verfallenen Kirche der heiligen Marina. Es hat sich mir bei wiederholter Terrainuntersuchung als das wahrscheinlichste herausgestellt, dass diese beiden höchsten Punkte der ganzen Hügelkette mit der Einsenkung dazwischen die Stätte bezeichnen, auf welcher einst die alte Stadtburg sich erhob. Die Seekarte des Captain W. H. Smyth vom Jahr 1818 (Corfu Road, London, Hydrographic Office of the Admiralty, 1842) merkt in dieser Gegend an zwei Stellen Ruinen an. Ich selbst sah ein Stück Mauer aus mächtigen behauenen Steinen am westlichen Abhang des hinteren Gipfels, vermag aber nicht mit Bestimmtheit zu sagen, ob dasselbe noch aus dem Alterthum herrührt oder in neuerer Zeit aus antikem Material zur Stütze des Abhangs wieder zusammengefügt ist. Nach Süden zu fällt diese Höhe ziemlich steil in eine Schlucht ab, jenseit deren eine niedrigere Hügelkette bis zum Ende der Landzunge sich hinzieht. Unmittelbar über der Spitze der letzteren, am Abhange des äussersten, den Eingang in den ehemaligen inneren Hafen beherrschenden Hügels, ist der berühmte, von Fremden wie Einheimischen viel besuchte Aussichtspunkt Kanóni[1]), welcher einen herrlichen Blick auf das schroff aus dem Meere aufsteigende kleine Felseneiland Pontikonisi und die schöngeschwungenen Linien der dahinter sich erhebenden Berge gewährt. Eine Fahrstrasse führt von der Stadt her immer an den westlichen Abhängen der Halbinsel oberhalb des eben erwähnten alten Hafens hin bis zu dieser Stelle.

IV.

Der Boden der Palaeopolis ist gegenwärtig fast durchaus von Olivenhainen und Gartenanlagen eingenommen, so dass planmässigen Grabungen zum Zwecke der Aufhellung der antiken Topographie unüberwindliche Schwierigkeiten entgegenstehen. Die noch jetzt auf seiner Oberfläche sichtbaren Reste des Alterthums aber sind gering an Zahl und Umfang. Die Nähe der modernen Stadt ist den Trümmern ihrer Vorgängerin verderblich geworden, und besonders die Festungsbauten der byzantinischen und venetianischen Zeiten werden dieselben in

Masse verschlungen haben. Indessen waren bis um die Mitte unseres Jahrhunderts immerhin noch ziemlich viele Fundamente in verschiedenen Gegenden der Palaeopolis zu sehen, wie namentlich die Berichte des Professors Orioli in der Gazetta degli stati uniti delle isole Ionie, Jahrgang 1843 und 1846, zeigen, aus welchen Mustoxidi und Riemann Auszüge mittheilen; auch ist gerade damals einiges durch Ausgrabungen frei gelegt worden. Aber diese Berichte sind wegen ihrer Ungenauigkeit in den Ortsangaben und des Mangels eines begleitenden Planes zum grössten Theile topographisch nicht verwerthbar. Die Zerstörung der wenigen Ueberbleibsel der ehemaligen Stadt wird auch heute noch fortgesetzt: man zerschlägt die umherliegenden alten Werkstücke, um sie zur Ausbesserung der Strassen und Gartenmauern zu benutzen.

In mehr als einer Hinsicht interessant sind die erst in unserem Jahrhundert entdeckten, aber mehr und mehr der Vernichtung entgegengehenden Reste eines dorischen Hexastylos Peripteros aus anscheinend früher hellenischer Zeit, welche in einer Schlucht an dem steilen Ostabhang des Hügels, der die oben erwähnte Himmelfahrtskirche trägt, in einer Höhe von gut 100 Fuss über dem Meeresspiegel sich befinden.[92]) Diese Gegend heisst Kardáki (τὸ Καρδάκι) und hat den Vorzug einer sehr reichen Quelle, welche dicht an den Trümmern des Heiligthums vorüberfliesst und unten am Fusse des Steilrandes in einen Brunnen gefasst ist. Eine im Herbst des Jahres 1822 eingetretene Verstopfung dieser Quelle, welche die britische Flotte mit Wasser versorgte, führte zu einer Nachgrabung der englischen Ingenieure, durch welche die Tempelruine zum Vorschein kam. Der vordere Theil des Gebäudes war schon vorher ins Meer gesunken. Aber während bei der Ausgrabung noch sämmtliche Säulen der Westseite und mehrere der beiden Langseiten, wenn auch theilweise verstümmelt, an ihren Stellen vorgefunden wurden, steht jetzt nur noch eine einzige aufrecht.[93]) Ein Säulenstumpf und verschiedene andere Architekturstücke liegen, halb im Erdboden vergraben, umher. Die Mauern der Cella sind an der Nord- und Westseite in ihren untersten Schichten wohl erhalten. Merkwürdig ist im Inneren der Cella ein fast die ganze Breite derselben einnehmender, durch besondere Mauern abgegrenzter, in zwei gleich grosse Abtheilungen zerfallender länglich viereckiger Raum, welcher mit einem tief in den Fels hinabgehenden Schacht in Verbindung steht. Nach Westen zu wird der heilige Bezirk abgeschlossen durch eine Mauer, welche, einen stumpfen Winkel bildend, offenbar die Verschüttung des Tempels durch den über ihm ansteigenden Abhang zu verhindern bestimmt war: dieselbe liess sich zur Zeit meiner Anwesenheit noch in einer Länge von gegen vierzig Schritten verfolgen und zeigte in ihrer Mitte eine Höhe von vier Steinlagen.[94])

Obwohl es bei dem Mangel eines festen Anhaltspunktes durch eine Inschrift allerdings misslich ist, über die einstige Bestimmung dieses Tempels eine Vermuthung äussern zu wollen, so gibt es doch eine Reihe von Gründen, welche zusammengenommen es nach meiner Meinung sehr wahrscheinlich machen, dass derselbe einem Heilgotte geweihet war. Zunächst darf es als unzweifelhaft betrachtet werden, dass die Quelle von Kardaki zu dem Cultus der hier verehrten Gottheit in unmittelbarer Beziehung gestanden hat. Das beweist allein schon der Umstand, dass der Tempel wider die Gewohnheit in eine Wasserschlucht dicht unter einen steilen Abhang gestellt ist, an einen Platz also, welcher die Gefahr der Verschüttung der Anlage oder der Unterspülung ihrer Grundmauern von vorn herein nahe legte. Die Güte des Quellwassers wurde mir von den Umwohnern ausserordentlich gerühmt[95]), und ich überzeugte mich selbst davon, dass es seinen Ruf in der That verdient. Auf die trefflichen Eigenschaften desselben geht wohl auch die volksthümliche Tradition, von welcher mir Professor Romanós erzählte, dass, wer aus dieser Quelle trinke, die Insel nicht verlasse. Der eigenthümliche, mit einem unterirdischen Kanal zusammenhängende Einbau im Inneren der Tempelcella war schwerlich ein Altar, sondern dürfte, seiner ganzen Einrichtung nach zu schliessen[96]), eher zu Bädern bestimmt gewesen sein, woran schon Bursian (Geogr. von Griechenl. II, S. 360) dachte. Bei der Ausgrabung wurden unter anderem mehrere weibliche Köpfe und ein kleines Bein aus Terracotta gefunden[97]), Gegenstände, welche wir auf Grund eines im Alterthum weit verbreiteten und von da auch in die christliche Kirche eingedrungenen Brauches[98]) wohl berechtigt sind als Weihgeschenke hier Geheilter aufzufassen. Die von dem Lärm des städtischen Lebens abgekehrte Schlucht, hoch über dem Meere, der Einwirkung der frischen Seeluft voll ausgesetzt, war gewiss ein sehr günstiger Ort für eine Heilanstalt. Eine im Museum von Verona befindliche korkyraeische Steinurkunde, C. I. G. II, n. 1838 = Mustoxidi Delle Cose Corciresi n. XI, p. 200, welche leider sehr verstümmelt und über deren Fundort nichts Näheres bekannt ist, enthält in ihrem ersten Theile ein Verzeichniss von Geldern, die auf einen Tempel aufgewendet worden, und im zweiten ein Decret, welches sich, wie es scheint, auf einen richterlichen Ausspruch über die Frage bezieht, was der Staat gehalten sei wiederherzustellen und was nicht.[99]) Diese Inschrift ist bereits von Whitmore auf unseren Tempel bezogen worden, freilich mit einer Zuversichtlichkeit, die bei ihrem trümmerhaften Zustande nicht berechtigt erscheint. Auch hat derselbe manches aus ihr herausgelesen, was aus dem eben angeführten Grunde fragwürdig bleiben muss. Aber andrerseits kann nicht in Abrede gestellt werden, dass mehrere Umstände wirklich diese Vermuthung begünstigen, wie das auch Otfried Müller anerkannt hat.[100]) Die oben beschriebene Lage des Tempels von Kardaki in der wasserreichen Schlucht eines steilen Abhangs muss schon im Alterthum seiner Erhaltung gefährlich gewesen sein. Nun ist in jener Inschrift von einer Beschädigung der Mauer oder Wand durch fliessendes Wasser die Rede.[101]) Ferner werden die Kosten für eine Arbeit an der 'Mauer des Metrodoros' verzeichnet[102]), welche selbstverständlich nicht die Tempelmauer sein kann, so dass es nahe liegt, in ihr die noch heute vorhandene Schutzmauer westlich vom Heiligthum zu vermuthen. Endlich geschieht — und das ist nach meiner Ansicht das Wichtigste — wiederholt einer im Tempel aufgestellten ehernen Schlange Erwähnung[103]), was auf eine Verehrung des Asklepios oder eines Gottes verwandter Natur hinweist und also wiederum sehr gut auf den Tempel von Kardaki passt, welchen wir aus anderen Gründen für eine Heilgottheit in Anspruch nehmen mussten.[104])

Im Westen der Hügelkette ist es die Umgebung der aus

früher christlicher Zeit stammenden Kirche der Panagia von Palaeopolis, welche noch die meisten Spuren des Alterthums zeigt. Die Kirche selbst, eine Basilika, welche man zu seiner Rechten hat, wenn man von dem zum Nonnenkloster der Euphemia emporsteigenden Pfade an die Fahrstrasse nach Kanoni gegen 100 Schritte aufwärts verfolgt, nimmt allem Anschein nach die Stelle eines heidnischen Tempels ein. Zwei korinthische Säulen mit dem Gesims darüber, alles aus weissem Marmor, umrahmen die Eingangsthür an der Westseite, und in einer auf dem Epistylion eingehauenen hexametrischen Inschrift nennt sich Iovianus als denjenigen, welcher den Tempel nach Zerstörung der Heiligthümer und Altäre der Hellenen dem christlichen Gotte errichtet habe.[105]) Vor dem Eingang in die Kirche ist im Jahre 1846 das grosse, aber erst später römischer Zeit angehörige Mosaik mit Darstellungen von Vögeln, Fischen, Schalthieren, Wildpret und Jagdhunden gefunden worden[106]), welches jetzt im städtischen Museum der Alterthümer aufbewahrt wird. Kurz bevor man von der heutigen Stadt her auf der nach Kanoni ansteigenden Fahrstrasse an diese Basilika gelangt, sieht man mehrere Säulentrommeln am Wege liegen, und in einem Garten zur Linken der Fahrstrasse, welcher überhaupt reich an alten Trümmern ist, ragt eine dorische Säule mehrere Fuss hoch aus dem Boden hervor; auch zählt man in demselben Garten nicht weniger als zwölf antike Cisternen: hier muss also ehemals Haus an Haus gestanden haben.[107])

V.

Die Ungunst der geschilderten Verhältnisse lässt den Versuch, die von Thukydides gelegentlich erwähnten Heiligthümer der alten Stadt topographisch zu fixiren, von vorn herein als wenig aussichtsvoll erscheinen. Und in der That muss die Lage der meisten von ihnen bei dem Mangel hinreichender Anhaltspunkte unentschieden bleiben.

Das Temenos des Zeus ist nicht einmal annähernd zu bestimmen, und über dasjenige des Alkinoos kann man höchstens die unsichere Vermuthung äussern, dass es unweit des nach dem Phaeakenkönige benannten Hafens gelegen habe (vgl. oben S. 22).

Wo das Hieron des Dionysos gestanden, lässt sich ebensowenig ermitteln. Denn es wäre gewagt, aus Oriolis Angabe, dass in der Umgebung des Euphemiaklosters Scherben schwarzfiguriger Vasen mit bakchischen Darstellungen und eine bärtige Dionysosmaske gefunden worden[104]), einen Schluss auf die Lage dieses Tempels zu ziehen. Auch die grosse Urkunde C. I. G. II, n. 1845 = Mustoxidi n. I, p. 162 ss., welche sich auf eine Schenkung zweier korkyraeischer Bürger an den Staat zum Zweck der Feier dionysischer Spiele bezieht und möglicher Weise einst im Heiligthum des Gottes aufgestellt war, gewährt uns keine Unterstützung hierfür, denn ihre Provenienz ist ebenso unbekannt, wie ihr Verbleib.

Nicht viel besser steht die Sache in Betreff des Dioskurentempels. Das städtische Museum der Alterthümer von Korfu bewahrt einen steinernen Pfeiler mit zwei Inschriften, von denen die eine, *Λεξειάτας* oder *Ληξειάτας* zu lesen, vertikal von unten nach oben eingehauen und demnach linksläufig ist, während die andere, *Διοσκούρων*, horizontal von der Linken zur Rechten läuft.[109]). Offenbar haben wir es hier mit einem Grenzstein zu thun, der zweimal zu verschiedenen Zwecken verwendet worden ist, und zwar das zweite Mal zur Abgrenzung des den Dioskuren geweiheten Bezirks; denn die Inschrift, welche deren Namen enthält, ist, wie ihre Richtung und ihr Alphabet beweisen, die jüngere. Nach Roehl ist dieser Pfeiler bei dem unten näher zu besprechenden Grabmal des Menekrates gefunden worden. Allein seine Bemerkung stützt sich wohl lediglich auf den Bericht Samuel Birchs in der Archäol. Zeitung v. J. 1846, S. 378, welcher gerade in der Beschreibung unsres Denkmals dermassen ungenau und fehlerhaft ist[110]), dass auch die Angabe der Fundstelle begründetem Zweifel unterliegt, um so mehr als Mustoxidi über die Provenienz des Steines völlig schweigt. Wäre aber auch die Angabe richtig, so würde man trotzdem keinen Gewinn für die Topographie daraus ziehen können, indem man dann eine Verschleppung des Pfeilers annehmen müsste. Denn abgesehen davon, dass man das Heiligthum der Zwillingsbrüder doch nicht mitten in der Nekropole der Korkyraeer wird ansetzen wollen, so weist der Zusammenhang, in welchem Thukydides den Dioskurentempel erwähnt, vielmehr darauf hin, dass derselbe noch innerhalb der Stadt in der Nähe des Ortes, wo die Aushebung der Mannschaft für die dem Nikostratos mitzugebenden korkyraeischen Schiffe stattfand (oben S. 11), gelegen habe, also wohl unweit des südlichen Theils des Alkinooshafens (vgl. oben S. 24 und 27) oder der anstossenden Agora. — Eine zweite korkyraeische Inschrift, die der Dioskuren gedenkt, C. I. G. II, n. 1874 = Mustoxidi n. LXVII, p. 231, ist nicht auf das städtische Heiligthum dieser Gottheiten zu beziehen, sondern auf ein ländliches, wovon weiter unten (Abschnitt IX) die Rede sein wird.

Wesentlich günstiger dagegen scheinen die Verhältnisse zu liegen hinsichtlich desjenigen Tempels, welchen Thukydides in den die korkyraeischen Dinge betreffenden Abschnitten seines Werkes zu wiederholten Malen erwähnt hat, nämlich des Heratempels. Denn der Geschichtschreiber sagt uns, dass vor demselben eine Insel lag (oben S. 11). Es gilt daher vor allem, diese letztere ausfindig zu machen, und darauf sind von jeher die Bestrebungen der Gelehrten gerichtet gewesen. Viele haben an die Insel Vido gedacht, welche die heutige, sehr geräumige Rhede von Korfu nördlich abschliesst[111]), und diese Vermuthung hat neuerdings Partsch wieder aufgenommen und mit grossem Eifer verfochten. Derselbe verlegt dem zu Folge das Heraeon auf die Höhe der Citadellenfelsen.[112]).

Es ist allgemein anerkannt, und zwar mit vollem Rechte, dass das heutige Vido identisch ist mit dem Eiland Ptychia, auf welchem die korkyraeischen Oligarchen, die sich nach Erstürmung des Castells von Istone den athenischen Strategen Eurymedon und Sophokles ergeben hatten, vorläufig untergebracht wurden (oben S. 15). Denn Ptolemaeos III, 13, 9, p. 531 M. setzt, vom Norden der Insel Korkyra nach Süden vorwärts schreitend, Ptychia zwischen der im nördlichsten Theile gelegenen Stadt Kassiope[113]) und der Hauptstadt, und zwar nahe der letzteren an.[114]) Auch eignet sich der Name Πτυχία, d. i. Falteninsel, vortrefflich für das Eiland Vido mit seinem stark ausgezackten Küstensaume. Allein Vido-Ptychia kann unmöglich zugleich die 'Insel vor dem Heraeon' sein. Denn wie sollte Thukydides dazu gekommen sein, eine und dieselbe Insel im dritten Buche nur nach ihrer Lage zum Heraeon zu bezeichnen, im vierten dagegen mit ihrem eigentlichen Namen zu benennen? Müller-Strübing ist allerdings schnell mit einer Antwort hierauf fertig, indem er a. a. O. S. 606 einfach sagt, der Schriftsteller habe inzwischen ihren Namen erfahren. Eine solche Art, die Schwierigkeit zu lösen, kann indessen nur diejenigen befriedigen, welche gläubig seine wunderliche Hypothese unterschreiben, dass das Nachspiel der korkyraeischen Stasis im vierten Buche nichts anderes sei als eine Ueberarbeitung der im dritten Buche beschriebenen. Aber auch Partsch setzt sich allzu leicht über das Bedenken hinweg, das die Verschiedenheit der Bezeichnung erwecken muss, wenn er bemerkt, die Bestimmungsweise im dritten Buche habe sich naturgemäss daraus ergeben, dass sie an Vorgänge anknüpfe, die im Heraeon selbst sich abgespielt hätten. Ich gestehe nicht einzusehen, wie der Umstand, dass die Oligarchen aus dem genannten Heiligthume, wo sie sich als Schutzflehende niedergesetzt hatten, auf eine nahe Insel übergeführt wurden, den Geschichtschreiber veranlasst haben sollte, die letztere als die 'Insel vor dem Heratempel' zu bezeichnen, wenn dieselbe doch den Namen $\Pi\tau\nu\chi\iota\alpha$ führte. Dass die Insel vor dem Heraeon, also in dessen Nähe lag, ist an sich durchaus nicht von Belang: wenn die Oligarchen sich doch einmal vom Demos hatten überreden lassen, den Schutz des Heiligthums aufzugeben, konnte es ihnen nichts nützen, in der Nachbarschaft desselben zu verbleiben. Und hätte Thukydides trotzdem die Nähe beider Oertlickheiten hervorheben wollen, was hinderte ihn zu sagen $\dot{\epsilon}\varsigma$ $\tau\dot{\eta}\nu$ $\pi\varrho\dot{o}$ $\tau o\tilde{v}$ $\dot{\iota}H\varrho\alpha\dot{\iota}ov$ $\nu\tilde{\eta}\sigma o\nu$ $\tau\dot{\eta}\nu$ $\Pi\tau\upsilon\chi\dot{\iota}\alpha\nu$ $\kappa\alpha\lambda ov\mu\dot{\epsilon}\nu\eta\nu$? Die von ihm gewählte Bezeichnungsart muss hiernach einen andren Grund haben. Und da ist es doch gewiss am einfachsten anzunehmen, dass die Insel deswegen nicht mit Namen von ihm genannt, sondern nur ihrer Lage nach bestimmt worden ist, weil sie eben keinen Namen hatte.

Ich werde die Richtigkeit dieser Annahme weiter unten durch ein urkundliches Zeugniss erhärten, will aber zuvor noch die Vermuthung Bursians anführen, welcher geneigt ist, Pontikonisi für das gesuchte Eiland zu halten und demnach das Heraeon auf dem südwestlichsten Punkte der ganzen Landzunge anzusetzen.[115]). Auf diesen unglücklichen Einfall würde Bursian schwerlich gerathen sein, wenn er jenes Inselchen selbst gesehen hätte. Der Umfang desselben ist viel zu gering, als dass es vierhundert Menschen — so gross war ja die Zahl der nach der Insel übergeführten Oligarchen — als Aufenthalt hätte dienen können. Die Oberfläche der auf allen Seiten schroff aus dem Meere sich erhebenden Felsklippe musste erst künstlich durch Erdaufschüttung etwas erweitert werden, ehe das kleine Mönchskloster, welches sie jetzt krönt, errichtet werden konnte.[116]) Aber auch schon eine aufmerksame Prüfung aller der Stellen, an welchen Thukydides das Heraeon erwähnt, musste von der Aufstellung jener Vermuthung abhalten; denn daraus ergibt sich jedenfalls soviel mit Sicherheit, dass dieses Heiligthum nicht so weit abseits von dem Mittelpunkte des städtischen Lebens kann gelegen haben.

Andere, noch abenteuerlichere Meinungen, welche man hie und da bei früheren Alterthumsforschern und Auslegern des Thukydides findet, können wir getrost auf sich beruhen lassen: sie verdienen kein Wort der Widerlegung.

So bleibt in der Nähe des einstmaligen Stadtgebietes nur noch die Felszunge der Citadelle übrig, welche ernstlich in Betracht kommen kann. Kein Geringerer als Martin Leake hat dieselbe zuerst für die *νῆσος πρὸ τοῦ Ἡραίου* erklärt.[117]) Dieser weit nach Osten in den Golf vorspringende Landstreifen ist auch heute noch thatsächlich eine Insel; denn er ist vom Uferrande Korfus durch einen Meerkanal getrennt, so dass eine Brücke die Verbindung zwischen Stadt und Festung herstellt. Allerdings steht der gegenwärtige Kanal, welcher 15 M. Tiefe, 25—40 M Breite hat[118]), mit den Befestigungswerken in Zusammenhang, und Partsch nimmt daher an, dass erst die Byzantiner oder die Venetianer zu grösserer Sicherung der Burgfelsen hier einen Graben gezogen, der die Citadelle zu einer Insel machte. Aber es kann ein natürlicher Kanal von vorn herein vorhanden gewesen sein, welcher nachmals in das Befestigungssystem hineingezogen wurde. Wenn die

Berichte des Nicetas Choniata p. 104 und des Ioannes Cinnamus p. 99 der Bonner Ausgaben über die Kämpfe um den Besitz der Citadelle in den Jahren 1081—1154 zwar die Höhe und Schroffheit ihrer Felsen in überschwenglichen Worten preisen, aber ihre insulare Lage nicht ausdrücklich hervorheben, so kann dies bei der geringen Breite des Kanals, welcher sie von der Stadt scheidet, durchaus nicht auffällig erscheinen, und schwerlich mit Recht zieht Partsch S. 60 hieraus die Folgerung, dass die Feste damals noch keine Insel war. Dem wie vielsten kommt es heute beim Ueberschreiten der breiten Zugbrücke zum Bewusstsein, dass er sich auf ein Eiland begibt? Wer aber von einem Punkte der südlich gegenüberliegenden Höhen aus den Blick auf die Felsen der Citadelle richtet, der erhält allerdings entschieden den Eindruck, dass dieselben von Alters her eine Insel gebildet haben, so 'vorlaut' treten sie, um einen treffenden Ausdruck von Partsch selbst zu gebrauchen, über die Küstenlinie der Hauptinsel hervor. Man gewinnt weiter auch noch den Eindruck, dass der trennende Meerkanal ursprünglich etwas breiter war; denn es hat ganz den Anschein, als ob der östliche Rand der Esplanade durch allmähliche Anschwemmung, wie der Isthmus zwischen dem Alkinooshafen und dem hyllaïschen, oder auch durch Schuttanhäufung entstanden sei. Dieser dem Beschauer unwillkürlich sich aufdrängenden Vorstellung tritt nun aber Partsch S. 67 mit der Bemerkung entgegen, dass die hohen Ufer des Citadellengrabens nicht junges Schwemmland oder Schutt der historischen Zeit, sondern Tertiärbildungen seien, die augenscheinlich in festem Zusammenhange von der Esplanade nach der Citadelle hinübergereicht hätten, bevor der Graben ausgehoben worden. Ich fürchte dem Vorwurf der Anmassung mich auszusetzen, wenn ich als Philologe dieser Behauptung eines Mannes, dem wir die schöne Bearbeitung der Neumann'schen Vorlesungen über die physikalische Geographie von Griechenland verdanken, nicht ganz unbedingtes Vertrauen entgegenbringe. Aber es scheint mir, dass dieser Punkt unter den gegenwärtigen Verhältnissen nicht mit voller Sicherheit aufgeklärt werden kann. Denn die beiden Ränder des Kanals sind ganz mit Mauerwerk eingefasst, und Partsch selbst bekennt S. 34, dass die Ausdehnung der Festungswerke beträchtliche Theile des Stadtterrains dem Studium der Bodenbeschaffenheit entrücke. Indessen selbst wenn wir den festen Zusammenhang der Citadellenfelsen mit der Hauptinsel bis in die geschichtliche Zeit hinein bereitwillig einräumen, so bleibt doch jedenfalls die Möglichkeit bestehen, dass schon die alten Korkyraeer hier einen Kanal gegraben hatten, um eine innere Verbindung zwischen ihrem nördlichsten Hafen und demjenigen des Alkinoos herzustellen. Nachdem die Hauptkriegswerft vom hyllaïschen Hafen in den südlichen Theil des Alkinooshafens verlegt und dadurch das Emporion des letzteren eingeschränkt worden war, eine Neuerung, die wahrscheinlich in der ersten Hälfte des fünften Jahrhunderts, jedenfalls aber vor dem ersten Bürgerkriege sich vollzog (oben S. 23—26), konnte es nur zweckmässig erscheinen, die beiden durch die vorspringende Landzunge getrennten Häfen an der Ostküste auf diese Weise zu vereinigen. Es war das im Kleinen ungefähr dieselbe Arbeit, welche einst in grösserem Massstabe die Korinther ausgeführt hatten, als sie die akarnanische Halbinsel Leukas mittelst Durchstechung des Isthmus, der sie mit dem Festlande verknüpfte, zur Insel machten.[119])

Die Annahme, dass die Felsmasse der Citadellenhügel schon im Alterthum eine sei es natürliche, sei es durch Kunst geschaffene Insel war, würde freilich, so wahrscheinlich sie auch an sich und der Darstellung des Thukydides entsprechend ist, doch immer nur eine unsichere Vermuthung bleiben, die jeder nach Belieben gutheissen oder verwerfen könnte, wenn nicht zum Glück das Zeugniss einer alten Urkunde hier bestätigend einträte.

Eine hochinteressante korkyraeische Inschrift, C. I. G. II, n. 1840 = Mustoxidi n. V, p. 184 = Dittenberger Syll. inscr. Gr. n. 320, enthält ein Verzeichniss von Grundstücken, welche der Staat für eine Anzahl seiner Proxenoi zur Nutzniessung angekauft hatte. Ausser zwei Häusern und einem Stück Saatland sind es lauter Weinfelder. Es ist an sich klar, dass zu solchem Zweck vom Staate erworbene Grundstücke nicht in entlegenen Theilen der Insel, sondern nur in der Stadt selbst und ihrer nächsten Umgebung sich befinden konnten, und das bestätigen auch die in der Inschrift genannten Oertlichkeiten, so weit sie zu bestimmen sind. Von den Häusern lag das eine *ἐν τᾷ Ἡραΐδι* (Z. 16), das andre [*ἐν*] *τᾷ Ἀλλανίδι κ[ώ]μᾳ* (Z. 23). Die *Ἡραΐς* hatte ihren Namen ohne Zweifel von dem Heraeon erhalten und bezeichnete den Stadttheil, in welchem dieser Tempel stand. Auf die Stadt selbst scheint auch die Ortsbestimmung *πο[τ]τᾷ Κωμικοῦ* (Z. 17) hinzuweisen (*ποὶ τᾷ K*. Dittenberger in Uebereinstimmung mit dem überlieferten Texte). Sechs Weinfelder lagen *ἐν τῷ πεδίῳ*, worunter wir wohl die ebenen Striche unmittelbar westlich von der heutigen Stadt zu verstehen haben, welche auch jetzt noch vorzugsweise mit Reben bepflanzt sind. Unbestimmbar bleiben die Oertlichkeiten Molokas [120]), Minoïa [121]), Lipara [122]), Schinuris. [123]) Endlich wird ein Rebland *ἐν τᾷ νάσῳ* (Z. 14) angeführt.

Hieraus ersehen wir also, dass vor der Küste Korkyras, und zwar, wie wir nach dem vorhin Gesagten annehmen dürfen, in unmittelbarer Nähe der Stadt, ein Eiland lag, welches man 'die Insel' schlechthin nannte, gerade so wie die Syrakusier die den ältesten Theil ihrer Stadt bildende Insel Ortygia gewöhnlich einfach nur *νᾶσος* nannten [124]), und wie die Bewohner von Oiniadae in Akarnanien ihrem Castell im See Melite diese Bezeichnung gaben. [125]) Welches ist nun dieses Eiland? Wir sind, denke ich, vollkommen berechtigt, dasselbe mit der *νῆσος πρὸ τοῦ Ἡραίου* zu identificiren, welche Thukydides, wie oben bemerkt worden, offenbar deshalb blos nach ihrer Lage zu jenem angesehenen Heiligthume bezeichnet hat, weil sie keinen besonderen Namen führte. Auch Partsch macht diese Gleichung, erklärt aber eben Ptychia für die *νᾶσος* der Inschrift und sieht gerade in dem Umstande, dass hier 'die Insel' schlechthin erwähnt wird, einen Hauptbeweis für die Richtigkeit seiner Ansicht. Diese kurze Bezeichnung, meint er S. 67, sei ganz wie die moderne 'il scoglio' [126]) nur möglich gewesen, wenn es keine zweite Insel vor dem Ufer des Stadtgrundes gegeben habe. Allein dieser Schluss ist verfehlt. Wenn zwei Inseln vor der Stadt lagen, von denen die eine den besonderen Namen *Πτυχία* führte, so konnte die andere sehr wohl 'die Insel' schlechthin heissen, zumal wenn sie, wie in unserem Falle, die nähere, nur durch einen Kanal vom Ufer des städtischen Weichbildes getrennte, jene aber die entferntere war. Die Bezeichnung νᾶσος bildet ja nicht den Gegensatz zu einer anderen Insel, sondern zum Festlande, d. h. hier zu dem auf der Hauptinsel Korkyra gelegenen Stadtgebiete, und ist ebenso Ortsname, wie Molokas, Lipara u. s. w. auf derselben Inschrift, oder wie Nasos im Sprachgebrauch der Syrakusier. Es scheint nicht überflüssig, daran zu erinnern, dass es heut zu Tage eine Menge Städte gibt, in denen ein besonderes Viertel, das von zwei Flüssen oder von zwei Armen eines Flusses umschlossen wird, 'die Insel' heisst. Auch will ich hier einmal Müller-Strübing, den ich so oft in dieser Schrift habe bekämpfen müssen, für meine Sache zu Hülfe rufen, welcher Thukyd. Forschungen S. 274 in ganz andrer Angelegenheit bemerkt, in und bei London gebe es viele Parks, Regents park, Hyde park, Battersea park u. s. w., aber wenn jemand schlechtweg sage: 'ich sah ihn gestern im Park' oder 'nächsten Sonntag wird eine Versammlung im Park sein', so verstehe jeder Londoner ohne weiteres darunter Hyde park, den Park par excellence.

Unsere Ansicht geht also dahin, dass die 'Nasos' der Korkyraer oder die 'Insel vor dem Heratempel', wie Thukydides sie bezeichnet, in den Felsen der Citadelle zu erkennen ist. Dieses Eiland muss im Alterthum ein vom gegenwärtigen ziemlich abweichendes Aussehen gehabt haben; denn nachdem es zu einer Festung erhoben worden, sind seine Felsgipfel nicht nur künstlich abgeplattet, sondern auch zu grösserer Schroffheit abgearbeitet worden.[127]) Es hat sich also ehemals zum Theil sanfter gegen das Meer abgedacht. Auch war es ohne Zweifel ein wohlangebautes, mit Reben und Fruchtbäumen bepflanztes Land — denn die Inschrift thut ja eines Weinbergs auf ihm Erwähnung —, während jetzt seine Felsgipfel in fast völliger Nacktheit in die blauen Lüfte ragen, und auf dem sie verbindenden Sattel hohes Unkraut wuchert.[128])

Nach Feststellung der thukydideischen 'Insel vor dem Heratempel' können wir endlich zu der Frage zurückkehren, wo denn nun dieses Heiligthum werde gelegen haben. Es lässt sich begreifen, dass Leake, nachdem er die gesuchte Insel gefunden hatte, das Heraeon auf der geräumigen Esplanade ansetzte, welche zwischen der Citadelle und der Häuserfront der heutigen Stadt sich ausdehnt (oben S. 20). Denn wenn auch diese Ansetzung vor einer eindringenden Prüfung des thukydideischen Berichtes nicht bestehen kann, wie die unten folgenden Ausführungen näher zeigen werden, so wird doch, wer einmal das Local der alten Festung als die Insel vor dem Heraeon erkannt hat, zunächst allerdings auf den bezeichneten Platz hingewiesen. Aber ein später gemachter glücklicher Fund leitet auf eine andere Spur. Im Jahre 1845 wurde am nördlichen Fusse des schon mehrfach erwähnten Hügels, auf welchem das Nonnenkloster der heiligen Euphemia steht, bei Herstellung des am Meeresgestade sich hinziehenden Weges eine niedrige Steinsäule entdeckt mit der von oben nach unten laufenden, zweizeiligen Aufschrift Ὅρϝος ἱαρὸς | τᾶς Ἀκρίας.[129]) Es kann keinem Zweifel unterliegen, dass unter der hier genannten Ἀκρία die Göttin Hera zu verstehen ist, wie schon der ehemalige korfiotische Professor Philitás vermuthet hat[130]), welchem auch das Verdienst gebührt, die Inschrift zuerst in der Hauptsache richtig gelesen zu haben.[131]) Korkyra war ja von Korinth aus besiedelt worden, und die Korinther verehrten Hera als Höhengöttin unter den Beinamen βουναία und ἀκραία. Ein Hieron der Göttin mit dem ersteren Beinamen befand sich hoch am Abhange von Akrokorinth[132]), und das westliche Vorgebirge der korinthischen Peraea krönte ein berühmter Tempel der Ἀκραία zubenannten Hera.[133]) Den Cultus dieser Göttin hatten also Chersikrates und seine Begleiter in ihre neue Heimath mit hinübergenommen. Die Form Ἀκρία, der wir auf der Inschrift begegnen, hat nichts Befremdliches: sie ist gerade als Beiname von Göttinnen aus dem Alterthum bezeugt.[134]) Ebensowenig kann es auffallen, dass in der Sprache der Eingeborenen Hera als Ἀκρία schlechthin bezeichnet wurde, wenn es keine zweite Göttin mit diesem Beinamen auf Korkyra gab.

Wir besitzen demnach in jener Steinsäule einen Grenzstein des Heraheiligthums. Möglicher Weise ist derselbe in situ gefunden worden.[135]) Sollte dieses aber auch nicht der Fall sein, so liegt die Annahme am nächsten, dass er von eben der Anhöhe, an deren Fusse er entdeckt worden ist, herabgerutscht ist. Wir werden also beim Suchen nach dem einstigen Standort des Tempels naturgemäss auf den flachen Rücken des Hügels gewiesen, welcher jetzt das Kloster der Euphemia trägt, und ich stehe in Uebereinstimmung mit Philitás und Romanós nicht an, die Oberfläche dieses Hügels für die Stätte des Heraeon zu erklären. Alle Bedingungen für die richtige Bestimmung desselben scheinen mir auf diesem Punkte zusammenzutreffen. Wenn man vor dem erwähnten Kloster steht und den Blick nordwärts über die Bai von Kastrades gleiten lässt, so hat man das Felseneiland der Citadelle gerade vor sich. Ein Geschichtschreiber, der diese bei den Korkyraeern selbst namenlose Insel, ihre 'Nasos' schlechthin, der Lage nach bestimmen wollte, konnte sie in der That nicht passender als τὴν πρὸ τοῦ Ἡραίου νῆσον nennen, wenn das Heraeon die bezeichnete Stelle einnahm. Wir ersehen aus dem thukydideischen Berichte, dass die korkyraeischen Demokraten die Ansammlung von vierhundert Oligarchen in diesem Heiligthume bedenklich fanden und einen Handstreich von ihnen befürchteten (oben S. 11). Dasselbe muss hiernach eine beherrschende Lage gehabt haben. Das war der Fall, wenn es auf dem Euphemiahügel stand; denn, wie oben gezeigt worden, befand sich am nördlichen Fusse dieses Hügels das Arsenal, und unter den nordwestlichen Abhängen desselben die Agora (S. 26 f.). Diese Höhe bot eine weite Aussicht auf die in der Niederung liegenden Theile der alten Stadt und auf ihr Weichbild im Nordwesten, und es ist daher sehr wohl denkbar, dass die hier zurückgebliebenen Oligarchen Augenzeugen waren von der Abführung ihrer Gefährten zur Hinrichtung ausserhalb der Stadtmauern, wenn nicht von der Hinrichtung selbst (vgl. oben S. 13 und unten Anm. 40). Obwohl Thukydides nirgends ausdrücklich sagt, dass das Heraeon innerhalb der Stadt lag, so kann dies doch aus zwei Stellen seiner Erzählung gefolgert werden, und zwar aus der einen von ihnen mit voller Sicherheit. Dass Agora und Heraheiligthum einander benachbart waren, wird dadurch wahrscheinlich gemacht, dass die Gesandten der Epidamnier, welche die Mutterstadt um Hülfe gegen die vertriebenen Oligarchen und die mit denselben verbündeten Barbaren angingen, in diesem Heiligthum als Schutzflehende sich niedersetzten und hier ihre Bitte den staatlichen Behörden vortrugen (oben S. 5). Den Ausschlag aber gibt die Thatsache, dass die Korkyraeer nach ihrem unglücklichen Kampfe gegen die peloponnesische Flotte unter Alkidas die vierhundert Oligarchen, welche sie erst einige Tage vorher der Sicherheit halber aus dem Heraeon auf die vor demselben gelegene Insel übergeführt hatten, jetzt wieder in dasselbe Heiligthum zurückbrachten, weil sie besorgten, dass die siegreichen Feinde im Ansegeln gegen die Stadt dieselben aufnehmen möchten (oben S. 12). Die entscheidenden Worte lauten (III, 79, 1): καὶ οἱ Κερκυραῖοι δείσαντες, μὴ σφίσιν ἐπιπλεύσαντες ἐπὶ τὴν πόλιν ὡς κρατοῦντες οἱ πολέμιοι ἢ τοὺς ἐκ τῆς νήσου ἀναλάβωσιν ἢ καὶ ἄλλο τι νεωτερίσωσι, τούς τε ἐκ τῆς νήσου πάλιν ἐς τὸ Ἥραιον διεκόμισαν καὶ τὴν πόλιν ἐφύλασσον. Hier sind also die beiden Thatsachen der Zurückführung der Oligarchen in das Heraeon und der Bewachung der Stadt sogar grammatisch mit einander verbunden, ein deutlicher Beweis dafür, dass jenes Heiligthum innerhalb der Stadtmauern lag. Hätte dasselbe, wie Partsch annimmt, auf der Höhe der Citadellenfelsen gestanden, so würde die eben angeführte Massregel der Korkyraeer unverständlich sein. Denn diese Felsen liegen ja ausserhalb der Befestigung der alten Stadt, wie unten noch näher gezeigt werden wird, und von hier aus hätte die Vereinigung der Oligarchen mit den Peloponnesiern kaum minder leicht geschehen können, als von Ptychia aus.

Des Heratempels thut ausser Thukydides auch Diodor XIII, 48, 6 in seinem Berichte über den korkyraeischen Bürgerkrieg vom Jahre 410 v. Ch. Erwähnung mit den Worten: Κόνων δ' ὁ στρατηγὸς τῶν Ἀθηναίων πλεύσας εἰς Κέρκυραν ἑξακοσίους μὲν τῶν ἐκ Ναυπάκτου Μεσσηνίων κατέλιπεν ἐν τῇ πόλει, αὐτὸς δὲ μετὰ τῶν νεῶν παρέπλευσε καὶ καθωρμίσθη πρὸς τῷ τῆς Ἥρας τεμένει. Nach der Meinung von Partsch verbieten uns diese Worte, das Heiligthum in die alte Stadt hineinzurücken. 'Die einzige Stelle', sagt derselbe S. 67, 'an der später das Heraion noch erwähnt wird, verlegt es unverkennbar in einige Entfernung nördlich von der Stadt und kennt bei ihm einen besonderen, von dem Haupthafen der Stadt offenbar verschiedenen Ankerplatz. Das waren die Gewässer, in denen heute der Verkehr von Korfu sich vereinigt, vielleicht speziell die Ufernische am Nordfusse des Citadellenfelsen.' Liesse die Diodorstelle wirklich keine andere Auffassung zu, so würde ich einfach erklären, dass dieselbe in offenbarem Widerspruch mit Thukydides stehe, und ihre topographische Verwendbarkeit bestreiten. Allein ich sehe in ihr vielmehr die bestätigende Probe auf die Richtigkeit meiner Ansetzung des Heratempels. Der Bürgerkrieg des Jahres 410 v. Ch. hat in seinem Ursprung, wie in manchen Einzelheiten seines Verlaufs auffallende Aehnlichkeit mit der grossen Stasis vom Jahr 427 und ihrem Nachspiel vom Jahr 425.[136]) Die oligarchische Partei, damals beinahe vernichtet, war inzwischen wieder erstarkt — sie wird zum Theil aus den mittlerweile herangewachsenen Söhnen der Ermordeten bestanden haben — und suchte die Insel den Lakedaemoniern in die Hände zu liefern. Die Volkspartei rief zur Abwendung dieser Gefahr die Athener zu Hülfe. Wir haben oben (S. 25) gesehen, dass die vom Demos bewohnten Stadtviertel an den westlichen Abhängen der Hügelzunge unmittelbar über dem hylläischen Hafen sich hinzogen, während die Häuser der Vornehmen die Niederung am Alkinooshafen einnahmen, woselbst auch die Agora sich befand. Wenn nun der athenische Stratege Konon mit sechshundert Messeniern aus Naupaktos nach Korkyra segelte, um dem Demos Hülfe zu bringen, so war es nach der Lage der Dinge geboten, dass er zunächst in den hylläischen Hafen einfuhr und die Messenier hier ausschiffte. Denn dieser Hafen war ohne Zweifel auch jetzt, gerade so wie im Jahre 427, von der Volkspartei besetzt. Nachdem dies geschehen, segelte er mit seinen Schiffen vorbei, d. h. er fuhr um die Landzunge herum, und ging an der anderen Seite der Stadt beim Temenos der Hera vor Anker, also an der Südspitze des Alkinooshafens, unmittelbar über welcher das Heraeon sich erhob. Offenbar that er dies, um die Oligarchen, die naturgemäss und ganz wie vor siebzehn Jahren in diesem Theile der Stadt sich festgesetzt hatten, gehörig in Schach zu halten. Es würde schlechterdings unbegreiflich sein, wenn er, wie Partsch will, auf der heutigen Rhede von Korfu oder speciell am Nordufer der Citadellenfelsen Anker geworfen hätte, wo ihm die Vorgänge in der Stadt völlig verborgen bleiben mussten. Man darf annehmen, dass die Quelle Diodors etwas ausführlicher und vor allem mit mehr Klarheit berichtet hatte. Aber der wahre Sachverhalt lässt sich auch aus der verwüsserten Darstellung des späten Compilators noch mit genügender Deutlichkeit erkennen. Auch was derselbe weiter erzählt, bestätigt lediglich die Richtigkeit der von mir gegebenen Erklärung. Hiernach machten die sechshundert Messenier im Verein mit der Volkspartei, 'als der Markt sich füllte', plötzlich einen Angriff auf die Oligarchen, nahmen eine Anzahl derselben gefangen, metzelten andre nieder und jagten mehr als tausend von der Insel. Die Vertriebenen flohen auf das gegenüberliegende Festland. Einige Tage darauf aber (ohne Zweifel nachdem Konon bereits wieder abgesegelt war) bemächtigten sich ihre in der Stadt zurückgebliebenen Parteigänger des Marktes und riefen die Flüchtlinge zurück, und es begann ein neuer erbitterter Kampf, bis nach eingetretener Nacht ein Vergleich zwischen den Streitenden zu Stande kam, durch welchen Friede und Ordnung wiederhergestellt wurde.

So weisen sämmtliche Zeugnisse aus dem Alterthum auf die Stelle hin, welche wir für das Heraeon in Anspruch genommen haben. Und wenn auf dieser Stelle heute ein Kloster der heiligen Euphemia steht, so dürfen wir schliesslich auch darin eine Stütze unseres durch ganz andere Gründe gewonnenen Ergebnisses erblicken. Denn es ist bekannt, dass in Griechenland der christliche Cultus mit Vorliebe an Stätten heidnischer Gottesverehrung sich angesiedelt hat, und jene Heilige war nicht nur durch ihr Geschlecht, sondern auch durch die Bedeutung ihres Namens wohl geeignet, der ehrwürdigen Olympierin, dem göttlichen Vorbilde weiblicher Zucht und Sitte, nachzufolgen.[137])

Ich glaube nicht, dass die auf vorstehende Weise von mir begründete Ansicht über die Oertlichkeit des korkyraeischen Heratempels erschüttert werden kann durch den von Partsch für seine Ansetzung geltend gemachten Umstand, dass auch das korinthische Heiligthum der Hera Akraea weit vor der Stadt auf einem hohen felsigen Vorgebirge lag[138]), und dass zwei Spitzen des letzteren nach Forchhammers Halkyonia S. 11

'dem Berg mit den zwei Spitzen' gleichen, 'von denen Corfu seinen Namen hat'. Partsch sagt mit Bezug hierauf S. 68: 'Diese Ähnlichkeit, die dem Fremdling nicht entging, musste den Korinthern, die erfüllt mit den Bildern der Heimat in die Ferne zogen, wie eine gebieterische Offenbarung auf die Seele fallen. Am fremden Ufer harrte schon des Opferfeuers der zweigipfelige Felsenaltar der heimischen Göttin.' Das sind Worte, welche gewiss das Urtheil des Lesers leicht bestechen können; aber einer nüchternen Prüfung aller in Betracht kommenden Zeugnisse halten sie eben doch nicht Stand.[139])

Unmittelbar vor dem Kloster der Euphemia ist eine Cisterne, in den Fels gehauen. Sonst habe ich keine Spuren des Alterthums an dieser Stelle wahrgenommen, und auch eine der Nonnen, die ich befragte, erklärte, dass sie nichts von solchen wisse.

Unter der 'Ηραῖς der oben angezogenen Inschrift werden wir nach dem Gesagten das Stadtviertel, welches an die Abhänge des Euphemiahügels sich anlehnte, zu verstehen haben.

VI.

Die Ausdehnung der alten Stadt ergibt sich auf drei Seiten von selbst zu Folge ihrer Lage auf einer schmalen Landzunge. Nur im Norden, wo die Landzunge mit dem Körper der Insel zusammenhängt, ist ihre Grenze zweifelhaft. Hier könnten nur Reste der Ringmauer entscheiden, welche nicht vorhanden sind oder wenigstens nicht zu Tage liegen. Es ist möglich, dass derselben das Mauerstück angehörte, welches ehedem hinter dem Kloster der ἅγιοι Θεόδωροι, südwestlich von der Kirche der heiligen Jungfrau von Palaeopolis, wenig oberhalb des innersten Theils der grossen Lagune, zu sehen war.[140]) Jedenfalls steht so viel fest, dass die Stadtmauer quer über den Isthmus lief, der den Alkinooshafen von dem hylläischen schied. Dass die alte Stadt nicht über Garitsa hinaus bis an das südliche Ende des heutigen Korfu sich erstreckte, lehrt die in dieser Gegend entdeckte Nekropole der Korkyraeer, zu deren Betrachtung wir nunmehr übergehen wollen.

Bei der Abtragung des von den Venetianern angelegten Aussenwerks Pantokrator oder Salvatore am südlichen Rande der heutigen Stadt, unweit des Eingangs in die Vorstadt Garitsa, stiess man im Oktober des Jahres 1843 auf einen alten Begräbnissplatz, welcher durch das vom Hügel herabgerutschte Erdreich und später durch die aufgeworfenen Festungswälle tief verschüttet worden war.[141]) Die Gräber lagen in zwei Hauptschichten über einander. In der unteren Schicht, auf dem ursprünglichen Boden, nur wenig über dem Niveau des Meeres, kam in vortrefflicher Erhaltung das berühmte Grabdenkmal des Menekrates zum Vorschein, welches, da es bis auf den heutigen Tag an seiner ursprünglichen Stelle sich befindet, als ein fester Markstein in der Topographie Korkyras dienen kann. Es ist ein 5 M. im Durchmesser haltender, auf einem Sockel ruhender und mit einem schmalen Gesims versehener Rundbau aus Kalksteinquadern, auf welchen ein aus grossen Steinplatten gebildetes Dach in Gestalt eines flachen Kegels aufgesetzt ist.[142]) Unmittelbar unter dem Gesims läuft von der Rechten zur Linken in einer einzigen Zeile, die ungefähr fünf Achtel des bedeutenden Kreisumfangs einnimmt, die aus sechs Hexametern bestehende Inschrift, welche besagt, dass der Demos der Korkyraeer dem Menekrates, Sohne des Tlasias, von Oianthe, seinem werthen Proxenos, welcher im Meere umgekommen, in Gemeinschaft mit dem aus der Heimath herbeigeeilten Bruder des Verstorbenen, Praximenes, dieses Grabmal errichtet habe.[143]) Wahrscheinlich war dasselbe ein Kenotaphion.[144]) Nicht weit davon fand man eine liegende Löwin aus Kalkstein von alterthümlich steifer, in mancher Hinsicht an die Werke aegyptischer Kunst gemahnender Arbeit, welche jetzt im königlichen Schlosse, auf dem Vorsaal des oberen Stockwerks, aufbewahrt wird[145]), offenbar das Grabdenkmal eines oder mehrerer im Kriege Gefallener.[146]) An einer anderen Stelle derselben Nekropole, etwas mehr nach der alten Stadt zu und in einer Tiefe von noch zwei Fuss unter dem Sockel des Menekratesdenkmals, wurden die riesigen Thongefässe ausgegraben, die sich gegenwärtig im städtischen Museum befinden[147]), welche bestimmt gewesen zu sein scheinen, die Asche ganzer Familien in sich aufzunehmen. Im Jahre 1846 wurde in dieser Gegend eine weitere wichtige Entdeckung gemacht, indem in einer drei Fuss über der Basis des Menekratesdenkmals liegenden Erdschicht, in derselben, in welcher die Löwin gefunden worden, die aus Kalkstein gefertigte Grabstele des Arniadas zu Tage trat, welcher laut der vierzeiligen, aus drei Hexametern bestehenden, von der Linken ihren Anfang nehmenden Bustrophedoninschrift in einer Schlacht 'bei den Schiffen', am Strome des Aratthos (in Epeiros) heldenmüthig kämpfend gefallen war.[148]) Die gleichfalls in das städtische Museum übergeführte Stele stand bei ihrer Entdeckung noch aufrecht auf ihrer Basis, wenn auch nach vorn geneigt, zerbrach aber bei dem Versuche, sie gerad zu richten, in zwei Stücke. Im August des Jahres 1866 kam der Fund einer dritten archaïschen Grabschrift hinzu, welche etwas südwestlich vom Denkmal des Menekrates, links von der hier vorbeiführenden Strasse (wenn man von der Bai von Kastrades ausgeht), in einem Garten beim Graben einer Grube an das Licht gefördert wurde. Das ist die linksläufige, aus einer einzigen, am Ende wegen Raummangels umgebrochenen Zeile bestehende, einen Hexameter bildende, nur den Namen des Verstorbenen und denjenigen seines Vaters meldende Grabschrift des Xenvares, des Sohnes des Mheixis, welche in das Capitell eines Säulenbruchstücks aus weissem Marmor eingehauen ist.[149]) Dieses Denkmal wird jetzt in einem Zimmer des Rathhauses ($\delta\eta\mu\alpha\varrho\chi\varepsilon\tilde{\iota}o\nu$) aufbewahrt, woselbst auch ein mächtiges Thongefäss, ähnlich den oben erwähnten und wohl gleichfalls aus dieser Nekropole herstammend, aufgestellt ist. Endlich darf zuversichtlich angenommen werden, dass auch das Bruchstück der noch alterthümlicheren, gleichfalls metrisch abgefassten Grabschrift der Polynova, welches bereits Böckh im C. I. G. I, n. 20 nach einer ungenauen Copie veröffentlicht hatte, in der nämlichen Gegend aufgefunden worden ist, obwohl über die Provenienz desselben keine Angabe vorliegt.[150])

Nach dem Gesagten kann es gar keinem Zweifel unterliegen, dass der älteste Friedhof der Korkyraeer den nordöstlichen Theil der schmalen Landzunge einnahm, welche die beiden Stadthäfen von einander trennte. Die Grabschriften des Menekrates und Arniadas sind spätestens in der ersten

Hälfte des sechsten Jahrhunderts entstanden und können unbedenklich bis in das siebente Jahrhundert hinaufgerückt werden.[151]) Dem letzteren dürfen wir wohl sicher die Grabschrift der Polynova zutheilen. Auf eine sehr frühe Zeit weist auch der künstlerische Stil der Löwin hin. Wenn die besprochenen Denkmäler zwar sämmtlich (von jenem Bruchstück unbekannter Provenienz abgesehen) in der unteren Gräberschicht, aber doch theilweise auf verschiedenem Niveau gefunden worden sind, so kann daraus kein Schluss auf eine Verschiedenheit ihres Alters gezogen werden, sondern es beweist dieser Umstand nur, dass das Terrain dieses Theils der Landzunge uneben und hügelig war, wie denn auch heute noch eine Reihe von Höhen nördlich und nordwestlich unmittelbar an denselben anstossen. Die Inschrift auf Menekrates nimmt an der Ostseite des Rundbaues ihren Anfang: hier also wird in ältester Zeit eine Gräberstrasse vorübergeführt haben, und es ist wahrscheinlich, dass dieselbe dicht am Ufer des Alkinooshafens entlang lief. Denn man hat Grund anzunehmen, dass das Denkmal des im Meere umgekommenen Proxenos der Korkyraeer, welches gegenwärtig etwa 200 Schritte landeinwärts von der Küste liegt, am Gestade selbst errichtet worden ist.[152]) Aus der Art und Beschaffenheit der entdeckten alterthümlichen Grabdenkmäler sind wir berechtigt zu folgern, dass es vorzugsweise die reicheren Bürger nebst den vom Staate besonders geehrten Einheimischen oder Auswärtigen waren, welche am Alkinooshafen ihre Ruhestätte fanden, wie denn auch die ersteren noch zur Zeit des peloponnesischen Krieges besonders in dem an diesen Hafen angrenzenden Stadtviertel ihre Wohnsitze hatten (oben S. 10 und 25). Hier haben wir uns also ohne Zweifel jene alten Gräber gelegen zu denken, auf deren Inschriften die verbannten Aristokraten von Epidamnos als auf die beredten Zeugen ihrer Blutsverwandtschaft mit den Korkyraeern sich beriefen, um ihre Bitte um Zurückführung in die Heimath zu begründen (oben S. 5). Von der nahen, höher liegenden Agora aus konnten sie mit der Hand nach der Stätte weisen, wo ihre Vorfahren beigesetzt waren.

Dieser ehrwürdige Friedhof aus den frühesten Zeiten hellenischer Geschichte ist noch im Laufe des Alterthums selbst der Verschüttung anheimgefallen, wie die Gräberschicht beweist, welche über ihm blossgelegt ward. Die Grabstätten müssen sich von hier aus über den Isthmus hin nach dem hyllaïschen Hafen zu gezogen und allmählich auch das jenseitige Ufer desselben theilweise eingenommen haben. In geringer Entfernung von der innersten Bucht dieses Hafens hat man zahlreiche Steinsärge aus späterer hellenischer und aus römischer Zeit gefunden.[153]) Die dem zweiten vorchristlichen Jahrhundert angehörige, in elegisches Mass gekleidete Grabschrift der Philistion, welche Professor Romanós kurz nach ihrer Entdeckung im Sommer des Jahres 1877 veröffentlicht und besprochen hat[154]), wurde am Abhang des flachen, mit Oelbäumen bepflanzten Hügels Κατακαλοῦ ausgegraben, welcher sich zungenförmig von Nordwesten her nach der Lagune vorstreckt. Und in der Nähe desselben Hügels sind nach der Versicherung des Herausgebers auch schon früher Grabstelen mit und ohne Inschrift in nicht geringer Zahl und eine Menge Gräber, die Gefässe mannigfacher Art, goldene und silberne Schmucksachen und andere dergleichen Gegenstände enthielten, aufgefunden worden.

VII.

Die aus der Gesammtheit dieser Funde sich ergebende Ausdehnung der Nekropole der alten Korkyraeer unmittelbar vor den Mauern ihrer Stadt im Norden und Nordwesten wird auch durch die Schilderung bestätigt, welche Xenophon im zweiten Capitel des sechsten Buchs seiner Hellenika von der Belagerung Korkyras durch die Spartaner und ihre Verbündeten im Jahre 373 v. Ch. entwirft, und da diese Darstellung trotz ihrem mehrfach hervortretenden Mangel an Anschaulichkeit immerhin auch auf andere Punkte der korkyraeischen Topographie einiges Licht wirft, so möge sie hier noch von diesem Gesichtspunkte aus behandelt werden. Auf den vielfach abweichenden und in manchen Theilen nachweislich falschen Bericht über dieselbe Begebenheit bei Diodor XV, 46 —47 werde ich dabei ·nur ausnahmsweise Rücksicht nehmen.

Kaum hatten die Athener im Jahre 374 mit den Spartanern Frieden geschlossen, als die letzteren, auf eine Beschwerde der Zakynthier gegen den athenischen Feldherrn Timotheos hin, von neuem eine Flotte von sechzig Schiffen ausrüsteten und dem zum Admiral derselben ernannten Mnasippos den Befehl ertheilten, ihre Interessen in den westlichen Gewässern wahrzunehmen und insbesondere einen Angriff auf Korkyra zu machen.[155]) Zugleich forderten sie den Tyrannen Dionysios von Syrakus zum Beistand auf unter Hinweis darauf, dass es auch ihm zum Vortheil gereiche, wenn diese Insel der Machtsphäre der Athener entzogen werde. Mnasippos, welcher auch Miethstruppen bei sich hatte, die zusammen mit den lakedaemonischen Kriegern eine Streitmacht von nicht weniger als 1500 Mann ausmachten [156]), landete auf Korkyra, verwüstete und plünderte die trefflich bebauten Felder und prächtigen Landhäuser und bezog dann beutebeladen mit seinem Fussvolk ein Lager auf einem Hügel, der gegen fünf Stadien von der Stadt entfernt war und vor den Ländereien lag, um jeden Korkyraeer, der aus der Stadt auf das Land sich begeben wollte, von hier aus abzuschneiden.[157]) Die Flotte dagegen liess er auf der anderen Seite der Stadt ein Lager beziehen, von wo dieselbe, wie er glaubte, die heransegelnden Schiffe rechtzeitig bemerken und abhalten könne. Zudem blockirte er auch den Hafen, wenn nicht der Sturm es hinderte.[158]) Die Korkyraeer, auf solche Weise eingeschlossen und von aller Zufuhr zu Lande wie zur See abgeschnitten, wussten die Athener durch eine heimliche Gesandtschaft von ihrer bedrängten Lage zu unterrichten und baten dringend um Beistand. Die Athener schickten ihnen zunächst den Feldherrn Stesikles mit etwa sechshundert Peltasten zu Hülfe, welche auf dem Landwege nach Epeiros zogen, und ersuchten den Molosserfürsten Alketas, diese Streitmacht nach Korkyra überzuführen. Dieselbe wurde denn auch nächtlicher Weile an einer Stelle der Insel ans Land gesetzt und gelangte glücklich in die Stadt. Weiter beschlossen die Athener, auch eine Flotte von sechzig Schiffen zu bemannen, und ernannten Timotheos zum Befehlshaber derselben, welcher hinterher, weil er nach ihrer Ansicht nicht rasch genug vorging, durch Iphikrates ersetzt ward. Während dieser Zeit stieg die Hungersnoth bei den Korkyraeern so hoch, dass mit jedem Tage die Zahl der

Ueberläufer ins feindliche Lager sich mehrte, und der spartanische Feldherr sich genöthigt sah, denselben mit dem Verkauf in die Sklaverei zu drohen, und, als auch dies nichts fruchtete, sie durch Peitschenhiebe zurücktreiben zu lassen. Die Belagerten nahmen wenigstens die Sklaven nicht wieder in die Stadt auf, und so kamen viele vor den Mauern um. Mnasippos seinerseits glaubte in Folge dessen die Stadt schon so gut wie in seinem Besitz zu haben und entschlug sich der Vorsicht. Er verabschiedete einen Theil seiner Miethstruppen, den anderen blieb er den Sold für zwei Monate schuldig. Als die Belagerten von den Thürmen aus wahrnahmen, dass die Wachtposten nachlässiger als früher besetzt wurden, und die Leute auf dem Lande zerstreut waren, machten sie einen Ausfall, nahmen einige von ihnen gefangen und hieben andere nieder. Sobald Mnasippos dies bemerkte, eilte er mit seinen sämmtlichen Hopliten zu Hülfe und zwang auch die Miethstruppen mit vorzugehen, welche indessen nur widerwillig und missmuthig folgten. Nachdem er sich in Schlachtordnung aufgestellt hatte, trieb er die aus dem Thore ausgerückten Feinde[159]) in die Flucht und verfolgte sie; als diese aber in die Nähe der Stadtmauer gekommen waren, wandten sie sich wieder um und beschossen ihre Verfolger von den Grabmälern aus[160]), und zugleich machten andere durch ein zweites Thor einen Ausfall. Die Einzelheiten des nun folgenden hitzigen Kampfes können übergangen werden. Es genügt zu sagen, dass derselbe mit der vollständigen Niederlage der Spartaner und dem Tode ihres Führers endigte. Die Sieger hätten auf der Verfolgung des Feindes selbst das verschanzte Lager desselben erobern können, liessen sich aber durch den Anblick des Trosses und der Diener und Sklaven, die sie für Krieger hielten, zur Umkehr bestimmen. Der errungene Erfolg indessen hob ihren Muth, wogegen die Feinde in voller Verzagtheit waren. Denn es hiess, dass Iphikrates schon ganz nahe sei, und die Korkyraeer fingen in der That an, Schiffe zu bemannen. Hypermenes, der Unterbefehlshaber des Mnasippos, bemannte jetzt die ganze vor Korkyra befindliche Flotte wieder vollständig und fuhr mit ihr herum nach dem verschanzten Lager.[161]) Hier belud er zuerst alle Lastschiffe mit der Beute an Sklaven und Geld und sandte sie weg. Er selbst hielt mit den Seesoldaten und dem Reste des Landheeres die Verschanzung besetzt. Schliesslich aber stiegen auch diese, weil sie sich sehr davor fürchteten, von den Athenern auf der Insel betroffen zu werden, in grosser Hast auf die Trieren und retteten sich, unter Zurücklassung einer Menge von Getreide und Wein, sowie vieler Sklaven und kranker Soldaten, nach Leukas. Als Iphikrates in Korkyra angekommen war, erfuhr er, dass zehn Trieren von Dionysios unterwegs seien, um den Lakedaemoniern Unterstützung zu bringen. Er ging daher selbst und sah zu, von welchem Punkte der Insel aus es möglich sei, die im Ansegeln begriffenen Schiffe zu erblicken und zugleich Signale nach der Stadt zu geben.[162]) Hierhin stellte er seine Kundschafter und verabredete mit ihnen die Signale, die sie beim Nahen und Ankerwerfen der Feinde geben sollten. Sodann bestimmte er zwanzig von den Trierarchen, die auf das erste Zeichen des Herolds sofort ihm folgen sollten. Als nun die Annäherung des feindlichen Geschwaders signalisirt wurde und der Heroldsruf erscholl, eilten alle zu der Unternehmung Ausersehenen spornstreichs auf die Schiffe. Iphikrates segelte dorthin, wo die feindlichen Trieren sich befanden[163]), und überraschte die Mannschaft derselben auf dem Lande.[164]) Nur der Rhodier Melanippos, der auch den anderen gerathen hatte, nicht an diesem Orte zu verweilen[165]), bemannte sein Schiff und fuhr davon, und obwohl er dem Geschwader des Iphikrates begegnete, so gelang es ihm doch zu entkommen. Die übrigen syrakusischen Schiffe aber fielen alle sammt der Mannschaft in die Hände der Athener.[166]) Iphikrates nahm die Trieren, nachdem er ihre Schnäbel hatte entfernen lassen, ins Schlepptau und lief mit ihnen in den Hafen der Korkyraeer ein.[167]). Das Weitere kommt für unsere Zwecke nicht in Betracht.

Die Schwierigkeit, aus der vorstehenden Schilderung der Begebenheiten ein klares topographisches Bild zu gewinnen, liegt hauptsächlich an dem Umstande, dass Xenophon immer nur von 'dem Hafen der Korkyraeer' redet, obwohl die Stadt, wie wir wissen, deren zwei hatte. Aber wenn wir uns erinnern, dass der Alkinooshafen schon im fünften Jahrhundert vor dem hyllaïschen einen ganz entschiedenen Vorrang behauptete und sowohl Kriegs- als Handelshafen war (oben S. 23 ff.), so werden wir uns für berechtigt halten, überall da, wo die Geschichtschreiber nach Thukydides von dem Hafen der Korkyraeer schlechthin sprechen, eben diesen Haupthafen zu verstehen. Ausser Xenophon thut dasselbe auch Diodor C. 47, 1: οὗτος (nämlich Mnasippos) δὲ καταπλεύσας εἰς τὴν νῆσον καὶ προσλαβόμενος τοὺς φυγάδας εἰσέπλευσεν εἰς τὸν λιμένα. Die durch eine Reihe wichtiger Funde ermöglichte Feststellung der Nekropole Korkyras in Verbindung mit der durch Xenophon bezeugten Thatsache, dass die vor Mnasippos fliehenden Korkyraeer bei den Grabmälern zum Stehen kamen und von hier aus den Feind beschossen, setzt uns nun auch in den Stand, wenigstens annähernd die Lage jenes Hügels zu bestimmen, auf welchem das spartanische Landheer sich verschanzt hatte. Es kann hiernach gar nicht bezweifelt werden, dass derselbe nördlich oder nordwestlich von der alten Stadt zu suchen ist. Er befand sich, wie Xenophon sagt, πρὸ τῆς χώρας, d. h. offenbar zwischen dem Weichbilde der Stadt und den Ländereien der Korkyraeer, und wurde von dem spartanischen Oberfeldherrn eben deswegen zum Lagerplatz ausgewählt, weil er den Zugang zu den letzteren beherrschte. Das weist gleichfalls auf die bezeichnete Gegend hin; denn diese Ländereien, deren treffliche Bebauung zur Zeit des Einfalls der Spartaner der Geschichtschreiber rühmend hervorhebt, befanden sich jedenfalls in dem fruchtbaren Mittellande der Insel, welches sich jenseits der heutigen Stadt bis an den Fuss der nördlichen und westlichen Gebirgszüge ausdehnt. Zugleich muss der in Rede stehende Hügel der Meeresküste nahe gewesen sein, da Hypermenes nach dem Tode des Mnasippos mit der Flotte nach dem Lager desselben fuhr und die hier aufgespeicherte reiche Beute auf seine Lastschiffe brachte. Aus allen diesen Gründen bin ich geneigt, die über der modernen Vorstadt Manduki gelegene Anhöhe, welche das jetzt zerstörte Fort Abraham trägt, für den von Xenophon erwähnten λόφος zu halten. Dieselbe erhebt sich dicht über der heutigen Rhede von Korfu, wo die spartanische Flotte im Schutze der vorgelagerten Insel Ptychia einen trefflichen Ankerplatz fand.

Das Fort Abraham mag in gerader Linie etwa eine Viertelstunde von der Wurzel der Analipsis-Halbinsel entfernt sein, in deren Nähe die Stadtmauer über den schmalen Isthmus sich gespannt haben muss: das stimmt zu der Angabe Xenophons, nach welcher der Hügel ungefähr fünf Stadien, d. h. etwas weniger als ⅛ einer geographischen Meile, von der Stadt ablag. Ob unter den *μνήματα*, hinter welchen die von Mnasippos zurückgetriebenen Korkyraeer sich festsetzten, der Begräbnissplatz am Alkinooshafen oder der weiter westlich nahe beim hyllaïschen Hafen gelegene zu verstehen sei, lässt sich nicht mit Sicherheit bestimmen, da, wie gleichfalls aus Xenophon zu ersehen ist, mindestens zwei Stadtthore nach der Seite des feindlichen Lagers zu sich öffneten, und wir nicht wissen, durch welches von beiden der erste Ausfall der Belagerten gemacht worden war.

Die Flotte hatte Mnasippos nach der anderen Seite der Stadt geschickt, d. h. also offenbar vor die Südspitze der Landzunge, über welche sie sich erstreckte. Hypermenes wird demnach am östlichen Gestade der Insel etwa gegenüber dem Felseneiland Pontikonisi oder wenig unterhalb desselben sein Lager aufgeschlagen haben, woselbst er den hyllaïschen Hafen sperrte und der von Süden her zu erwartenden Flotte der Athener am ehesten ansichtig werden konnte (vgl. oben S. 51). Nachdem aber der Oberfeldherr gefallen war und dessen Truppen eine schwere Niederlage erlitten hatten, sah er sich genöthigt, die Vertheidigung des vom Feinde bedrohten Lagers derselben in die Hand zu nehmen. Zu diesem Zwecke musste er mit seiner Flotte um die beiden durch die Bai von Kastrades von einander getrennten Halbinseln (oben S. 19) herumsegeln, daher es § 25 *περιπλεύσας πρὸς τὸ χαράκωμα* heisst.

Wenn nun Xenophon, nachdem er die Besetzung des Hügels durch das Landheer und die Sendung der Flotte nach der dem Hügel entgegengesetzten Seite der Stadt gemeldet hat, weiter noch hinzufügt, dass Mnasippos ausserdem auch den Hafen, wenn der Sturm es nicht hinderte, blockirt habe, so bestätigt sich auch hierdurch die Richtigkeit des schon oben auf Grund einer anderen Erwägung aufgestellten Satzes, dass unter dem Hafen der Korkyraeer schlechthin der nach

Alkinoos benannte zu verstehen sei. Die Sperrung der engen Einfahrt des hylläischen Hafens war die natürliche Folge der Stellung, welche Hypermenes auf Befehl des Mnasippos mit der Flotte eingenommen hatte, und brauchte nicht ausdrücklich erwähnt zu werden. Die Belagerung würde aber selbstverständlich völlig wirkungslos gewesen sein, wenn der Haupthafen frei geblieben wäre. Dieser Hafen war, wie der xenophontische Bericht und namentlich die Worte ὁπότε μὴ χειμὼν κωλύοι (§ 7) vollkommen deutlich zeigen, keineswegs im Besitze der Spartaner. Diodor C. 47, 1 erzählt freilich, Mnasippos sei in den Hafen eingelaufen und habe vier feindliche Schiffe genommen, während die drei übrigen(!) ans Land geflohen und dann von den Korkyraeern selbst verbrannt worden seien. Aber, wo immer er diese Nachricht gefunden haben mag, dieselbe ist weiter nichts als ein thörichtes Märchen. Denn wer einmal den Alkinooshafen hatte, der hatte auch die Stadt, und selbst wenn diese Folgerung nicht ohne weiteres zu ziehen wäre, so müsste doch zugegeben werden, dass in diesem Falle Mnasippos nicht nöthig gehabt hätte, fünf Stadien von der Stadt entfernt sein Lager aufzuschlagen.[168]) Um also den Korkyraeern alle Zufuhr von der See her abzuschneiden, blockirte der spartanische Admiral auch den Alkinooshafen, sei es nun, dass er selbst die nöthige Anzahl von Schiffen zur Bewachung desselben zurückbehielt, sei es, dass er seinem Unterfeldherrn den Befehl ertheilte, von seiner Station aus ein Geschwader zu diesem Zwecke vorzuschicken. Das letztere halte ich mit Rücksicht auf den Wortlaut des xenophontischen Berichtes in §§ 7 und 25 für das wahrscheinlichere.

Was endlich über die Unternehmung des Iphikrates gegen das Geschwader des Dionysios berichtet wird, bietet in topographischer Hinsicht keine Schwierigkeiten. Gleichwie die nach Sicilien bestimmten Schiffe der Hellenen nordwärts bis nach Korkyra zu steuern pflegten, um nach Durchquerung des Meeres an der schmalsten Stelle alsbald die Küsten Italiens zu gewinnen, so ging umgekehrt auch die Fahrt von Sicilien nach Korkyra und von da weiter nach Griechenland über das iapygische Vorgebirge. Demnach konnte der athenische Stratege die syrakusischen Trieren mit Sicherheit von Nordwesten her erwarten, und er musste, um rechtzeitig von ihrer Annäherung unterrichtet zu werden, seine Kundschafter in dem gebirgigen nördlichen Theile der Insel aufstellen. Hier erhebt sich, wie wir oben S. 18 gesehen haben, der stattliche Pantokrator mit seinen beiden kegelförmigen Gipfeln, einen weiten Ausblick über die Meeresfläche in der Richtung nach Italien zu gewährend, und zugleich ist dieses Gebirge von dem über der Kastrades-Bai ansteigenden Terrain der alten Stadt aus in seiner ganzen Ausdehnung dem Auge sichtbar. Es kann daher kaum einem Zweifel unterliegen, dass Iphikrates auf der Höhe des Pantokrator seine Signalstation errichtete. Sobald diese nun das Erscheinen der feindlichen Schiffe nach der Stadt gemeldet hatte, fuhr der athenische Stratege mit einem Theil seiner im Alkinooshafen liegenden Flotte durch den Golf von Korkyra ihnen entgegen. Die Darstellung Xenophons würde allerdings erlauben anzunehmen, wie Grote und Arnold Schaefer thun, dass das syrakusische Geschwader in einer der Buchten an der Nord- oder Nordostküste der Insel Korfu selbst geankert hatte. Aber nach Polyaen III, 9, 55 war Krinippos, der Admiral dieses Geschwaders, an einem der öden Eilande in der Nähe Korkyras vor Anker gegangen.[169]) Damit ist ohne allen Zweifel eine der kleinen Inseln vor der Nordwestküste Korfus gemeint, welche, heute zum Theil besiedelt, im Alterthum, wie es scheint, ganz unbewohnt waren[170]), und es können offenbar nur die beiden grössten von ihnen in Frage kommen, also entweder das am weitesten nach Westen vorgeschobene Othonús[171]), welches ehemals Ὀθρωνός hiess, oder das östlich davon liegende Erikúsi, die Ἐριχοῦσα des Alterthums. Ich trage kein Bedenken, das Zeugniss Polyaens in diesem Punkte für glaubwürdig zu halten[172]): seine Angabe lässt sich einerseits mit den Worten Xenophons, welcher sich nur unbestimmt ausdrückt, sehr wohl vereinigen, und ist andrerseits der ganzen Sachlage durchaus angemessen, wogegen es an sich wenig Wahrscheinlichkeit hat, dass die Kundschafter des Iphikrates die feindlichen Schiffe erst dann signalisirt haben sollten, nachdem dieselben schon an der Küste Korkyras Anker geworfen hatten.

VIII.

Die reiche Handelsstadt der alten Korkyraeer auf der meerumschlungenen Hügelzunge mit ihren tief einbuchtenden Häfen an beiden Seiten, ihren Mauern und Thürmen, den an den Abhängen sich hinaufziehenden Häuserreihen, mit dem schimmernden Heratempel auf der Höhe und der über ihm auf beherrschendem Gipfel sich erhebenden Burg muss einen Anblick gewährt haben, welcher an malerischer Schönheit demjenigen des heutigen Korfu sicherlich nicht nachstand. Jenseit des ältesten Friedhofs, welcher dicht an das geräuschvolle Leben des Alkinooshafens herantrat, scheint eine Vorstadt am Meeresufer entlang sich erstreckt zu haben. Darauf weist die ganze Natur der Oertlichkeiten, vor allem die Lage und Ausdehnung des soeben genannten Hafens, deutlich hin, und ein Fund, der ehedem in dieser Gegend gemacht worden ist, darf wohl als eine Bestätigung dafür in Anpruch genommen werden: nach Oriolis Angabe ist im Jahre 1846 in dem Schlossgarten auf der Esplanade ein antikes Pflaster aus grossen steinernen Quadern blossgelegt worden.[173]) Nördlich wie südlich von der alten Stadt mögen prächtige Landhäuser der korkyraeischen Kaufherren die an sich so lieblichen und grossartige Fernblicke auf die Gebirgsketten von Epeiros darbietenden Ufer des Golfs geschmückt haben. Auch die Römer hat der Reiz dieser Küsten angezogen. In dem etwa zwei Stunden südlich von der heutigen Stadt gelegenen Fischerdorfe Venitsa ($\dot{\eta}$ $Bενίτσα$) sieht man gleich oberhalb der am Gestade hinführenden Fahrstrasse, am Fusse eines Hügels, über dem in kühnen Linien der Stavrós sich erhebt (oben S. 18), zwischen herrlichen Oliven-, Feigen- und Orangenbäumen die moosbedeckten Trümmer einer vornehmen römischen Villa mit Badeeinrichtung, welche vor ungefähr fünfzehn Jahren unter der Leitung des Professor Romanós aufgedeckt worden sind.[174])

IX.

Unser Ziel ist nahe: es bleibt weiter nichts übrig, als dass wir den Versuch machen, die Lage jenes Berges zu bestimmen, auf welchem die während des ersten grossen Bürgerkrieges flüchtig gewordenen Anhänger der oligarchischen Partei, nachdem sie die heimathliche Insel wieder betreten hatten, eine Befestigung errichteten, um von hier aus den Demos in der Stadt zu bedrängen (oben S. 14). Da die Flüchtlinge von der Peraea aus nach Korkyra übersetzten, so ist von vorn herein die Vermuthung begründet, dass sie in einer der Buchten des nordöstlichen Theils der Insel landeten. Denn hier ist der Kanal, welcher dieselbe von Epeiros trennt, am schmalsten, also die Ueberfahrt die kürzeste; zudem scheint der festländische Besitz der Korkyraeer, dessen die Oligarchen sich bemächtigt hatten, hauptsächlich das Gebiet von Buthroton umfasst zu haben (vgl. Anm. 45). Auch mussten sie schon ihrer Sicherheit halber sich davor hüten, weiter südlich über den Golf zu setzen, da sie hier in zu grosse Nähe der Stadt gekommen sein würden und leicht von ihren Feinden hätten bemerkt werden können. In dem bezeichneten Theile Korfus nun erhebt sich, wie wir wissen, das höchste Gebirge der ganzen Insel, der mächtige Pantokrator, und es liegt daher sehr nahe anzunehmen, dass dieser Berg es ist, auf dessen steilen Abhängen sie ihr Castell errichteten. Dass dasselbe nicht den Gipfel des Berges einnahm, lehrt die von Thukydides berichtete Thatsache, dass nach Erstürmung der Feste durch die mit dem korkyraeischen Demos vereinigten Athener die Oligarchen nach einem höher gelegenen Punkte sich flüchteten. Unter dieser das Castell überragenden Höhe kann sehr wohl der eine der beiden Spitzkegel des Pantokrator verstanden werden, um so mehr, als aus der Schroffheit und Uneinnehmbarkeit derselben leicht die Thatsache sich erklärt, dass Eurymedon und Sophokles von der Verfolgung der Feinde Abstand nahmen und denselben einen Vergleich bewilligten. Auch der Umstand ist der geäusserten Vermuthung günstig, dass die athenischen Strategen ihre Gefangenen nach dem Eiland Ptychia verbrachten, an welchem sie auf der Fahrt vom Fusse des genannten Gebirges zurück nach der Stadt vorbeikamen.

In der That haben denn auch mehrere Gelehrte für die Identität von Istone und Pantokrator sich ausgesprochen, am entschiedensten wohl Wilhelm Vischer in den Erinnerungen und Eindrücken aus Griechenland S. 19, dessen Ausführung übrigens in manchen Einzelheiten ungenau und fehlerhaft ist. Auch H. Kiepert hatte ehedem in seinem topographisch-historischen Atlas von Hellas und den hellenischen Colonien, 2. Ausg., Bl. XV und schon Bl. IV, Istone an der bezeichneten Stelle eingetragen, ist aber hinterher von dieser Ansetzung wieder zurückgekommen, wie Bl. VII seines neuen Atlas von Hellas (Berlin 1872) zeigt, wo jener Name sich überhaupt nicht mehr findet. Zu dieser Aenderung seiner Ansicht ist er wohl durch denselben Grund bestimmt worden, welcher auch eine Anzahl anderer Forscher abgehalten hat, Istone in das nördliche Gebirgsland zu verlegen, ein Grund freilich, der, wie wir sogleich sehen werden, auf einer gänzlich irrthümlichen Auffassung der in Betracht kommenden Worte des Thukydides beruht. So sagt Mueller de Corcyraeorum republica p. 6: 'neque vero (castellum hoc) ab urbe longius distare poterat, quod ex eo egressi ἐφθειρον τοὺς ἐν τῇ πόλει gravissimamque efficiebant famem'. Bursian Geogr. v. Griechenl. II, S. 356 f. vermuthet aus dem gleichen Grunde, dass der jetzt Ἅγιοι Δέκα genannte Berg südwestlich von der Stadt (oben S. 18) im Alterthum den Namen Istone geführt haben möge. Und auch Partsch S. 81 ist der Meinung, dass der Bericht des Thukydides 'unzweifelhaft eine engere Nachbarschaft der Burg der Aristokraten und der Stadt' erfordere: die Wahl des Platzes sei getroffen worden in der Absicht, den Kampf der Entscheidung näher zu bringen, nicht mehr mit Raubzügen aus einem fernen Schlupfwinkel sich zu begnügen; deshalb könne man unter dem Berge Istone weder einen Theil des Arakli-Gebirges (im Nordwesten der Insel) noch das Pantokrator-Massiv sich denken; eher komme der Zehnheiligenberg oder die Höhe von Hagía Kyriakí beim Dorfe Gastúri in Betracht.

Wie die Oligarchen auf den einen oder den anderen der beiden zuletzt genannten Berge hätten gelangen sollen, ist nicht leicht abzusehen. Denn man wird doch nicht annehmen wollen, dass sie auf ihren leichten Fahrzeugen nördlich um die Insel herum durch die offene See, das 'Wildmeer', wie es die heutigen korfiotischen Bauern nennen (oben S. 19), gesegelt seien, um an einem Punkte der Westküste zu landen und von da aus jene Höhen zu gewinnen. Hielten sie sich aber innerhalb des Golfes, so mussten sie, um ihr Ziel zu erreichen, unweit der beiden Stadthäfen vorüberfahren, ein tollkühnes Unternehmen, das man selbst dem Muthe der Verzweiflung kaum zutrauen kann. Prüft man nun aber die Worte des Thukydides, auf welche gestützt man das Castell der Oligarchen in der Nähe der Stadt glaubt ansetzen zu müssen, selbständig und ohne Voreingenommenheit, so findet man zu seinem Erstaunen, dass aus ihnen auch nicht entfernt eine Berechtigung zu solchem Schlusse sich ableiten lässt. Dieselben stehen III, 85, 4 und lauten: ἀναβάντες ἐς τὸ ὄρος τὴν Ἰστώνην, τεῖχος ἐνοικοδομησάμενοι ἔφθειρον τοὺς ἐν τῇ πόλει καὶ τῆς γῆς ἐκράτουν. Das Verbum φθείρειν bezeichnet öfters bei Thukydides, auch ohne weiteren Zusatz, die Schädigung des Feindes durch Plünderung und Verheerung seines Gebietes, z. B. I, 30, 3 τοῦ τε χρόνου τὸν πλεῖστον μετὰ τὴν ναυμαχίαν ἐκράτουν τῆς θαλάσσης (οἱ Κερκυραῖοι) καὶ τοὺς τῶν Κορινθίων ξυμμάχους ἐπιπλέοντες ἔφθειρον. Ebenso III, 92, 3. Und dass es an unsrer Stelle in ganz demselben Sinne steht, lehrt überdies der Vergleich mit IV, 46, 1, wo der unterbrochene Bericht über die korkyraeischen Dinge wieder aufgenommen und statt des früheren ἔφθειρον der Ausdruck πολλὰ ἔβλαπτον gebraucht wird. Vgl. auch schon IV, 2, 3. Mit den Worten τοὺς ἐν τῇ πόλει aber wird einfach der im Besitze der Stadt befindliche Demos im Gegensatz zu den aus ihr geflüchteten Oligarchen bezeichnet, ganz wie IV, 2, 3, wofür ebendas. 46, 1, durch das Verbum veranlasst, der Ausdruck οἱ ἐκ τῆς πόλεως eintritt. Eine unmittelbare Bedrohung der Stadt lag offenbar gar nicht in der Absicht der Oligarchen. Denn mit Gewalt dieselbe einzunehmen konnten sie bei ihrer geringen Anzahl vernünftiger Weise nicht hoffen; um so weniger, als sie schon einmal innerhalb der Stadt selbst im Kampfe gegen den an Zahl weit überlegenen und durch die natürliche Stärke seiner Stellungen im Vortheil befindlichen Demos den Kürzeren gezogen hatten. Wohl aber kam es ihnen darauf an, durch Verhinderung der Gegner an der Bestellung ihrer Felder, durch Plünderung und Verwüstung des offenen,

Landes die schon vorher in der Stadt ausgebrochene Hungersnoth bis zur Unerträglichkeit zu steigern und auf solche Weise eine Wendung der Verhältnisse zu ihren Gunsten zu erzwingen. Von nicht geringer Wichtigkeit für die uns beschäftigende Frage ist nun weiter die Thatsache, dass in dem nordwestlichen Theile der Insel Korfu, an den Ausläufern des langen, von Nordosten nach Südwesten streichenden Gebirgszugs, ein Dorf liegt, dessen Name bedeutsam an 'Ιστώνη anklingt. Dasselbe heisst Βίστωνας (ὁ), sprich Vistonas.[175]) Βίστωνας ist regelrechte Vulgarform für Βίστων, wie Σπυρίδωνας, γείτονας, χειμώνας, ἄρχοντας, Παντοκράτορας u. s. w. für Σπυρίδων, γείτων, χειμών, ἄρχων, Παντοκράτωρ. Und Βίστων kann sehr wohl für Fίστων stehen, wie denn gerade im dorischen Dialekt das Digamma nicht selten durch β vertreten wird.[176]) Eine schlagende Analogie für die Erhaltung eines aus dem Digamma hervorgegangenen β in einem heutigen Ortsnamen bietet das Dörfchen Βίτυλο in Lakonien, in dessen Namen der alte Stadtname Οἴτυλος, in späterer einheimischer Form Βείτυλος (für Fίτυλος`, fortlebt.[177]) 'Ιστώνη aber setzt offenbar eine Grundform ῎Ιστων voraus, gleichwie z. B. Μοθώνη auf Μόθων zurückgeht[178]), und es können beide Formen neben einander in Gebrauch gewesen sein, wie Κρότων und Κροτώνη, und, wie es scheint, auch Κρηστών und Κρηστώνη.[179]). Von sprachlicher Seite also steht nichts im Wege, dass wir Βίστωνας mit 'Ιστώνη in Verbindung bringen. Da nun gerade in dem nördlichen Gebirgslande Korfus auch eine Reihe anderer Orts- und Bergnamen von mehr oder weniger alterthümlichem Gepräge vorkommen[180]), und für die Annahme einer Entstehung des Dorfnamens Βίστωνας im Mittelalter nicht der geringste Anhalt vorliegt, so dürfen wir den Zusammenhang desselben mit 'Ιστώνη als hinlänglich gesichert betrachten.[181])

Wenn nun einerseits das Vorhandensein eines Dorfes Namens Vistonas in der angegebenen Gegend als ein Beweis dafür gelten darf, dass Istone wirklich in dem nördlichen Theile der Insel Korfu zu suchen ist, so könnte man doch andrerseits gerade dadurch sich veranlasst sehen zu bestreiten, dass die Festung der Oligarchen auf den Abhängen des Pantokrator sei errichtet worden. Denn jenes Dorf liegt ja weder auf diesem Gebirge, noch in seiner unmittelbaren Nähe, sondern ein gutes Stück davon entfernt, nicht sehr weit oberhalb der Westküste der Insel. Um diesem Einwande zu begegnen, müssen wir vor allem ,eine schon·früher (Anm. 50 zu S. 15) kurz berührte Verschiedenheit der Ueberlieferung im Texte des Thukydides hier des Genaueren erörtern. III, 85, 4, wo der Name Istone zum ersten Male vorkommt, wird deutlich ein Berg oder ein Gebirge damit bezeichnet, denn es heisst von den Flüchtlingen, dass sie ἐς τὸ ὄρος τὴν Ἰστώνην gestiegen seien. Dagegen IV, 46, 1 bieten sämmtliche Handschriften ἐστράτευσαν (Εὐρυμέδων καὶ Σοφοκλῆς) μετὰ τῶν ἐκ τῆς πόλεως ἐπὶ τοὺς ἐν τῷ ὄρει τῆς Ἰστώνης Κερκυραίων καθιδρυμένους, und diese Lesart wird bestätigt durch Polyaen VI, 20, welcher, den thukydideischen Bericht im Auszuge wiedergebend, sagt: Ἀθηναῖοι στρατεύουσιν ἐπὶ Κερκυραίους φυγάδας καταλαβομένους τὸ τῆς Ἰστώνης ὄρος. Dobree Advers. I, 43 der Berliner Ausgabe wollte auch im vierten Buche des Thukydides ἐν τῷ ὄρει τῇ Ἰστώνῃ herstellen, und ihm sind Krüger und Stahl in seiner Textausgabe gefolgt. Die übrigen Herausgeber des Historikers dagegen und Stahl selbst in der Poppo'schen Ausgabe — van Herwerden, der die Worte τῆς Ἰστώνης überhaupt streicht, lasse ich unberücksichtigt — haben gerade wegen der übereinstimmenden Textüberlieferung bei Polyaen von einer Aenderung der handschriftlichen Lesart Abstand genommen. Wenn sie jedoch in der Verbindung ὄρος τῆς Ἰστώνης nur eine Abweichung von dem sonst ausnahmslos bei Thukydides herrschenden Sprachgebrauch erblicken, wonach der Name des Berges in Apposition zu dem allgemeinen Begriffe hinzutritt, und zur Rechtfertigung derselben auf einige vereinzelte Beispiele dieser Art bei anderen griechischen und römischen Schriftstellern verweisen, so dürfte thatsächlich damit nichts gewonnen sein. Ist denn aber keine andere Erklärung möglich? Wenn man die Stelle des vierten Buches für sich betrachtet, ohne auf diejenige des dritten Rücksicht zu nehmen, so bietet sich ganz von selbst die Auffassung dar, dass das Gebirge von Istone bezeichnet werde, d. h. also, dass unter Istone eine besondere Landschaft der Insel Korkyra zu verstehen sei.[182]) Allerdings führt Stephanos von Byzanz p. 341 Mein. *Ἰστώνη* als Name eines Berges auf[183]); allein diese Nachricht geht auch nur auf die Stelle im dritten Buche des Thukydides zurück und lehrt also weiter nichts, als dass die von Stephanos benutzte Handschrift des Historikers dort dieselbe Lesart darbot, wie die unsrigen. Der Name Istone und das davon abgeleitete Ethnikon kommen auch in zwei späten korkyraeischen Inschriften vor, welche aber zur Lösung der Frage leider ebensowenig beitragen. Die eine von ihnen, C. I. G. II, n. 1875 = Mustoxidi n. LXXXVII, p. 263, auf einem Ziegelstein, enthält eben weiter nichts als das Wort *Ἰστό|νης*.[184]) Die andere, C. I. G. II, n. 1874 = Mustoxidi n. LXVII, p. 231, aus dem dritten Jahrhundert n. Ch., bezieht sich auf ein Weihgeschenk an die 'Dioskuren von Istone'[185]), für welche wir demnach ein Heiligthum in der dortigen Gegend voraussetzen dürfen.

Aus dem Gesagten ergibt sich also, dass wir ebenso berechtigt sind, eine Landschaft Istone auf Korkyra anzunehmen, als einen Berg dieses Namens, je nachdem wir der Ueberlieferung im vierten oder im dritten Buche des Thukydides folgen. Nun gibt es meines Wissens keine einzige Ortschaft im heutigen Griechenland, die ihren Namen von einem Berge des Alterthums empfangen hätte. Dagegen ist es eine bekannte Thatsache, dass Namen antiker Städte in grosser Zahl auf benachbarte moderne Ortschaften, insbesondere Dörfer, übergegangen sind. Und auch dafür fehlt es nicht an Beispielen, wiewohl diese allerdings seltener sind, dass ehedem ganzen Landschaften oder Inseln eigene Namen an neueren Städten oder Dörfern haften. So ist der Name *Ἀρκαδία* auf eine ausserhalb dieser Landschaft, aber unweit ihrer Grenze gelegene Stadt, welche die Stelle des alten Kyparissiae im nordwestlichen Messenien einnimmt, übertragen worden.[186]) Im Gebiete von Achaïa, westlich von Patrae, liegen zwei kleine Dörfer, die den Namen dieser Landschaft treu bewahrt haben, *Κάτω-Ἀχαΐα* und *Ἀπάνω-Ἀχαΐα*.[187]) Die der Küste des östlichen Lokris vorgelagerte Insel Atalante, jetzt *Ταλαντονήσι* genannt, hat ihren Namen zugleich auch dem festländischen, anderthalb Stunden vom Meeresgestade entfernten Städtchen Talanti geliehen.[188]) Gestützt auf diese Analogien vermuthe ich, dass der Name Istone, in einheimischer Form Ἴστων oder Ἰστώνα, im Alterthum das ganze nördliche Gebirgsland der Insel Korkyra bezeichnete, von welchem er später auf eines der hier gelegenen Dörfer überging. Es ist oben (S. 18) bemerkt worden, dass auch die heutigen Bewohner Korfus diesen Theil ihrer Insel als eine Landschaft für sich betrachten und zur Unterscheidung von anderen Theilen derselben στὸ Ὄρος nennen, d. h. als das Gebirge κατ' ἐξοχήν bezeichnen. Das Wort ὄρος ist in der Vulgarsprache im allgemeinen nicht gebräuchlich, sondern kommt nur noch als Ortsbezeichnung[189]) oder in gewissen formelhaften Redensarten[190]) vor: sonst wird es durch βουνό oder das hiervon gebildete Deminutiv βουνί, altgriech. βουνός, ersetzt.[191]) Man darf daher mit Fug annehmen, dass auch die Bezeichnung Oros für das nördliche Gebirgsland aus dem Alterthum herstammt, d. h. dass diese Landschaft, wenn sie auch einen besonderen Namen führte, doch im Volksmunde gewöhnlich 'das Gebirge' schlechthin genannt ward, und es ist immerhin zu beachten, obgleich ich keineswegs ein sonderliches Gewicht darauf legen will, dass Thukydides, welchem für seine Darstellung der korkyraeischen Bürgerkämpfe doch Berichte Einheimischer vorgelegen haben müssen, die im Castell von Istone verschanzten Oligarchen IV, 2, 3 kurz οἱ ἐν τῷ ὄρει φυγάδες und nach ihrer Vernichtung durch den Demos ebendas. C. 48, 5 οἱ ἐκ τοῦ ὄρους Κερκυραῖοι nennt.

Nun liesse sich ja denken, dass das höchste und stattlichste Gebirge dieses Theils der Insel, der heutige Pantokrator, im Alterthum Istone geheissen habe, und dass dieser Name dann auf die ganze Landschaft ausgedehnt worden sei, gleichwie der arkadische Bergname Kyllene in weiterer Bedeutung die ganze Gebirgslandschaft mit Einschluss von Pheneos bezeichnete.[192]) Es wäre in diesem Falle allerdings möglich, an beiden Stellen des Thukydides die überlieferte Lesart aufrecht zu erhalten. Indessen würde dann der Geschichtschreiber ohne allen Grund, bei ganz gleichem Anlass, das eine Mal den Berg Istone, das andre Mal das Gebirge von Istone genannt haben, eine Annahme, die in hohem Grade unwahrscheinlich ist. Deshalb glaube auch ich, dass eine Textverderbniss an der einen der beiden Stellen vorliegt, dass aber nicht, wie Dobree wollte, die Stelle des vierten Buches nach derjenigen des dritten, sondern vielmehr umgekehrt die des dritten nach der des vierten abzuändern, d. h. dass III, 85, 4 ἐς τὸ ὄρος τῆς Ἰστώνης zu schreiben ist. Die hier von den Handschriften dargebotene Lesart τὴν Ἰστώνην wird absichtliche Aenderung eines Grammatikers sein, welcher, in dem nahe liegenden Irrthum befangen, dass Istone der Name des Berges sei, den Genetivus in den Accusativus glaubte umsetzen zu müssen, um den correcten Sprachgebrauch herzustellen. Dabei wusste er nicht oder dachte nicht daran, dass dieselbe Verbindung im vierten Buche wiederkehre, und so ist dort die richtige Lesart stehen geblieben. Die Thätigkeit jenes Grammatikers muss vor die Zeit des Stephanos von Byzanz fallen, welcher, wie oben gezeigt worden, in seinem Thukydidestexte die einem Missverständniss entsprungene Correctur bereits als Lesart vorfand.

Anmerkungen.

1) ταῦτα δὲ ἱκέται καθεζόμενοι ἐς τὸ Ἥραιον ἐδέοντο.

2) Ueber die zu dieser Zeit auf Korkyra bestehende Staatsverfassung ist uns nichts Näheres bekannt. Aber mag dieselbe auch der Form nach schon eine Demokratie gewesen sein, wie die meisten annehmen (vgl. z. B. G. C. A. Mueller de Corcyraeorum republica p. 32, Grote Gesch. Griechenlands III, S. 353² d. d. Uebers., Duncker Gesch. des Alterthums IX, S. 282 f.), jedenfalls muss die Aristokratie damals noch den massgebenden politischen Einfluss besessen haben. Dies geht aus der Abweisung der Gesandten des epidamnischen Demos, sowie aus der C. 26 gemeldeten Fürsorge für die von ihm vertriebenen Oligarchen mit Sicherheit hervor. Erst der Sieg der Korkyraeer über die Korinther in der Seeschlacht von Leukimma und ihre in Folge davon nothwendig gewordene Annäherung an Athen scheint dem Volke thatsächlich das Uebergewicht verschafft zu haben.

3) Dies allein kann der Ausdruck κατ' ἐπήρειαν hier bedeuten, wie Herodot VI, 9 g. E. τάδε ἤδη σφι λέγετε ἐπηρεάζοντες im Sinne von ἐπαπειλέοντες (vgl. C. 32) sagt. Die Erklärung Classens 'nur in böswilliger Absicht, aus Chikane: ihnen selbst lag nichts an der Herstellung der Optimaten' und vieler anderer, die den Ausdruck ebenso oder ähnlich gefasst haben, ist völlig verkehrt. Das beweisen klärlich die vom Geschichtschreiber parenthetisch hinzugefügten Worte ἦλθον γὰρ ἐς τὴν Κέρκυραν u. s. w., und schon oben ist bemerkt worden, dass in dieser Zeit auf Korkyra noch die Aristokratie das politische Uebergewicht hatte.

4) ἦλθον γὰρ ἐς τὴν Κέρκυραν οἱ τῶν Ἐπιδαμνίων φυγάδες, τάφους τε ἐπιδεικνύντες καὶ ξυγγένειαν, ἣν προϊσχόμενοι ἐδέοντο σφᾶς κατάγειν. Mit Recht haben die neuesten Herausgeber für ἀποδεικνύντες das plastische ἐπιδεικνύντες aus dem Vaticanus aufgenommen. Dieses Wort ist in Rücksicht auf das vorausgehende τάφους gewählt, erhält aber noch ein zweites Object, worin dasjenige ausgedrückt liegt, was die Gräber bewiesen, worauf ein relativer Satz die Erzählung fortführt. Die Variante ἀποδεικνύντες scheint eine zur Beseitigung des Zeugmas gemachte Correctur zu sein.

5) *Λευκίμμη* bei Thukydides hier und anderwärts. Die dorische Form *Λευκίμμα* bietet Strabon VII, p. 324. Ptolemaeos III, 13, 9 hat *Λεύκιμμα ἄκρα*.

6) Ich benenne die Schlacht mit Krüger Histor. philol. Studien I, S. 219 und Duncker Gesch. des Alterth. IX, S. 283, A. 2 (vgl. S. 286, A. 1) nach dem Vorgebirge, auf welchem die Korkyraeer das Tropaeon errichteten. Andere ziehen vor, von der Schlacht bei Aktion zu reden. Aber die Darstellung des Thukydides I, 29, 3—5 spricht mit nichten dafür, dass der Kampf in der Nähe dieses letzteren Ortes stattfand, wie Oberhummer Akarnanien S. 94, A. 2 behauptet, und es ist schon an sich viel wahrscheinlicher, da-s die Korkyraeer bei ihrer eigenen Insel sich den Feinden entgegenstellten, um im Falle eines Misserfolges rascher den Hafen gewinnen zu können. Vgl. C. 30, 4 und C. 47.

7) Ich lese mit den neueren Herausgebern nach dem Augustanus *περιιόντι τῷ θέρει* und fasse diesen Ausdruck mit Classen in der obigen Bedeutung. Die Seeschlacht von Leukimma setze ich mit Krüger a. O. S. 219 f. in den Frühling von Ol. 86, 2. Die Erörterungen von Steup Thukyd. Studien II, S. 4 ff. haben mich nicht überzeugt.

8) Ungenauer Ausdruck des Geschichtschreibers für 'in der Seeschlacht bei Sybota'.

9) An dieser für 250 Kriegsgefangene ungewöhnlich hohen Summe hat man mehrfach Anstoss genommen, welchen auch Classen nicht vollständig beseitigt, indem er bemerkt, dass dieselbe doch wohl durch den vornehmen Stand der Gefangenen zu erklären sei, abgesehen davon, dass der Handel auf einem Vorgeben beruhte. Offenbar sollte gerade die beispiellose Härte der angeblich für die Freilassung gestellten Bedingungen die Zurückkehrenden ihren Landsleuten unverdächtig machen.

10) Dieser Beschluss, welchen Müller-Strübing S. 594 f. so auffällig und unverständlich findet, dass er den ganzen Satz *καὶ ἀφικομένης Ἀττικῆς τε νεώς — ὥσπερ καὶ πρότερον* als eine Redactionszuthat ausscheiden will, begreift sich sehr wohl als ein mühsam zu Stande gebrachtes Compromiss zwischen den beiden sich gegenüberstehenden Parteien auf Korkyra. Die Athener hatten vor dem Ausbruch des peloponnesischen Kriegs, nach der Besiegung der Korinther durch die Korkyraeer in der Seeschlacht von Leukimma, mit den letzteren nicht, wie diese damals begehrten, ein Schutz- und Trutzbündniss, sondern nur eine Defensivallianz geschlossen dahin lautend, *τῇ ἀλλήλων βοηθεῖν, ἐάν τις ἐπὶ Κέρκυραν ἴῃ ἢ Ἀθήνας ἢ τοὺς τούτων ξυμμάχους*, wobei die Erwägung massgebend gewesen war, dass sie den Korkyraeern im Falle eines Angriffs derselben auf Korinth eine Unterstützung nicht gewähren könnten ohne Verletzung der zwischen ihnen und den Peloponnesiern bestehenden Verträge (Thukyd. I, 44). Diese *ἐπιμαχία* ist bei Ausbruch des peloponnesischen Krieges nicht zu einer *ξυμμαχία* erweitert worden, wie sich aus Thukyd. III, 70 und 75 ganz klar ergibt, und wenn der Geschichtschreiber II, 7 sagt *Ἀθηναῖοι δὲ τήν τε ὑπάρχουσαν ξυμμαχίαν ἐξήταζον καὶ ἐς τὰ περὶ Πελοπόννησον μᾶλλον χωρία ἐπρεσβεύοντο*,

Κέρκυραν καὶ Κεφαλληνίαν καὶ Ἀκαρνᾶνας καὶ Ζάκυνθον, ὁρῶντες, εἰ σφίσι φίλια ταῦτ' εἴη βεβαίως, πέριξ τὴν Πελοπόννησον καταπολεμήσοντες, so kann damit, was die Korkyraeer betrifft, nur gemeint sein, dass die Athener sich über das treue Festhalten derselben an der bestehenden *ἐπιμαχία* vergewissern wollten; und wenn dann II, 9 die Korkyraeer unter den ξύμμαχοι der Athener aufgeführt werden, so ist dieser Ausdruck hier, wie auch sonst öfters bei Thukydides (vgl. Poppo-Stahl zu 1, 44), im allgemeineren, nicht technischen Sinne zu verstehen. Hiernach konnten sicherlich die Ansichten darüber verschieden sein, ob die Korkyraeer trotz dem Einfall der Peloponnesier in das attische Gebiet verpflichtet und berechtigt seien, gemeinsam mit den Athenern die Küsten des Peloponnes zu verheeren. Sie thaten dieses allerdings im ersten Kriegsjahre, und es ist als unzweifelhaft anzusehen, dass das Zusicherungen entsprach, welche die Führer der korkyraeischen Demokratie den athenischen Gesandten gegeben hatten. Aber da sie an den weiteren Unternehmungen der Athener im Peloponnes sich nicht mehr betheiligten, da im Herbst des Jahres 429 der mit zwanzig Schiffen vor Naupaktos liegende, durch eine weit überlegene feindliche Flotte bedrohte Phormion zwar von Athen aus schleunige Hülfe verlangte (II, 85), aber gar nicht daran dachte, nach dem nahen Korkyra sich zu wenden (vgl. Müller-Strübing S. 591 f.), so müssen wir eben daraus schliessen, dass dort inzwischen ein Umschwung der politischen Verhältnisse eingetreten war, eine andere Auffassung des Bündnisses mit Athen sich geltend gemacht hatte. Und das wird der Thätigkeit der aus Korinth zurückgekehrten Korkyraeer zuzuschreiben sein. Denn es ist eine durch nichts gerechtfertigte, an sich ganz unwahrscheinliche Annahme, dass die Heimkehr dieser Kriegsgefangenen erst kurz vor den Anstalten des Brasidas und Alkidas zum Zuge nach Korkyra erfolgt sei, also fünf volle Jahre nach ihrer Gefangennahme, zumal da die Korinther von vorn herein darauf ausgegangen waren, dieselben auf ihre Seite zu ziehen. Wir wissen gar nicht, wie weit Thukydides bei Beginn seiner Beschreibung der korkyraeischen Stasis zurückgreift. Die Annahme einer allmählichen Entwickelung derselben, während welcher bald die eine, bald die andere Partei das Uebergewicht erhielt, macht die in III, 70 erzählten Begebenheiten verständlich. Müller-Strübing ist zu einer falschen Beurtheilung derselben dadurch geführt worden, dass er sie Schlag auf Schlag sich folgen lässt. Wenn nun also, um auf den obigen Beschluss zurückzukommen, die Korkyraeer zwar Bundesgenossen der Athener auf dem bisherigen Fusse bleiben, zugleich aber auch Freunde der Peloponnesier sein wollen, wie zuvor, so liegt darin der Sinn, dass sie einen unmittelbaren Angriff auf Athen oder auf das Bundesgebiet der Athener gemeinschaftlich mit denselben abwehren, nicht aber angriffsweise gegen den Peloponnes vorgehen wollen. In den Worten *Πελοποννησίοις δὲ φίλοι ὥσπερ καὶ πρότερον* ist *φίλοι* eben im politischen Sinne zu verstehen, gerade so wie in dem technischen Ausdruck *τοὺς αὐτοὺς Ἀθηναίοις φίλους τε καὶ ἐχθροὺς νομίζειν*. Vgl. auch II,

72, 1 und dazu Classen. Ob ein solcher Beschluss nach der damaligen Lage der Dinge den Athenern viel nützen konnte, darauf kommt es nicht an; es handelt sich nur darum, denselben aus den korkyraeischen Parteiverhältnissen heraus zu begreifen. Die C. 70, 2 erwähnte athenische Gesandtschaft hatte ohne Zweifel über das Ausbleiben der von den Korkyraeern erwarteten Hülfe Beschwerde geführt, wahrscheinlich auch den Abschluss eines förmlichen Schutz- und Trutzbündnisses angeboten.

11) Dieser Name kommt noch in einer späten korkyraeischen Grabschrift, und zwar in der Form Πειθείας, vor: C. I. G. II, n. 1911 = Mustoxidi delle cose Corciresi n. CLII, p. 320. Uebrigens ist er auch anderwärts nachweisbar.

12) Die Worte τοῦ δήμου προεıστήκει bezeichnen sicherlich nicht ein Amt, wogegen schon die Thatsache spricht, dass Peithias nach C. 70, 5—6 dem Rathe angehörte, sondern wollen nur besagen, dass er Führer der Volkspartei war. Nach seiner Ermordung treten mehrere an seine Statt: unten C. 75, 2 und IV, 46, 4. Denn auch an diesen Stellen zwingt nichts, die τοῦ δήμου προστάται als ein Amt zu fassen, wie Vischer Epigraph. u. archäol. Beiträge aus Griechenland S. 9 = Kleine Schriften II, S. 15 ohne weiteres thut. Wenn Mueller de Corcyr. republ. p. 49 aus Thuk. III, 75, 3 glaubte folgern zu müssen, dass dieselben, wie die lakedaemonischen Ephoren, die Leitung des Aushebungsgeschäftes in Händen gehabt, so ist dieser Schluss ganz unsicher; denn die Worte οἱ δὲ τοὺς ἐχθροὺς κατέλεγον ἐς τὰς ναῦς können sehr wohl kurz gesagt sein für: sie wussten es so zu veranstalten, dass ihre Feinde zur Bemannung der Schiffe ausgelesen wurden. Allerdings steht fest, dass in Tegea die προστάται τοῦ δάμου wirklich ein Magistrat waren: denn in einem Proxeniedecret von dort bei Sauppe Comment. de titulis tegenticis p. 4 s. — Dittenberger Syll. n. 317 werden sie am Ende der Inschrift zur Bestätigung des Beschlusses aufgeführt zusammen mit den στραταγοί, dem ἵππαρχος, einem γραμματεύς und dem Priester der Athena (Alea). Allein dies kann selbstverständlich nichts für Korkyra beweisen. Vgl. auch noch Gilbert Handb. der griech. Staatsalterthümer II, S. 235, A. 1.

13) Offenbar weil Peithias dem ihm unerwünschten Volksbeschlusse zum Trotz fortfuhr, in athenerfreundlichem Sinne zu wirken.

14) φάσκων τέμνειν χάρακας ἐκ τοῦ τε Διὸς τοῦ (τοῦ fehlt im Vaticanus) τεμένους καὶ τοῦ Ἀλκίνου, wofür Cobet Mnemosyne n. s. VIII, 1880, p. 142 schreiben will ἔκ τε τοῦ Διὸς τεμένους καὶ τοῦ Ἀλκίνου. Gewöhnlich versteht man einen dem Zeus und dem Alkinoos gemeinsamen Hain, und Mueller de Corcyr. rep. p. 56 gibt sich grosse Mühe, den Grund der Verbindung beider im Cultus ausfindig zu machen. Aber schon die Wortstellung spricht dafür, dass an zwei verschiedene Haine zu denken ist. — Was die hier erwähnten χάρακες betrifft, so meint Hehn Kulturpflanzen u. Hausthiere, S. 468[4], dieselben könnten nur Ruthen gewesen sein (an welche die Reben sich klammerten, oder die

von Baum zu Baum gezogen wurden), 'da die Schuldigen für jedes Stück einen Stater bezahlen sollten und die Strafe übermässig hart schien, aus einem geweihten Hain aber nicht viele Pfähle unbemerkt gehauen werden konnten.' Letzteres ist richtig; aber man kann annehmen, dass die Korkyraeer diesen Missbrauch längere Zeit stillschweigend mit angesehen hatten, weil keiner wagte, gegen jene Reichen vorzugehen, bis Peithias, um sich an denselben zu rächen, die Sache bei Gericht anhängig machte. Das Praesens τέμνειν deutet, wie Classen richtig bemerkt, auf die fortgesetzte Ausübung des Vergehens. Wie die Zahl geschnittener Ruthen auch nur annähernd festgestellt werden konnte, begreift man nicht. Ueber die Art, wie die Korkyraeer ihre Reben zogen, ist nichts bekannt. Heut zu Tage werden auf Korfu, wie in ganz Griechenland, in den eigentlichen Weinfeldern die Reben ohne Stütze gehalten, und nur in Gärten sieht man sie an Pfählen oder an Spalieren sich emporranken. Ebenso mag es im Alterthum auf der Insel gewesen sein.

15) Mehrere derartige Verbote und Strafandrohungen gegen Zuwiderhandelnde sind uns inschriftlich erhalten. In einer attischen Steinurkunde C. I. A. II, 2, n. 841 — Dittenberger Syll. n. 359, welche nach Koehler nicht weit über den Ausgang des vierten Jahrhunderts hinabreicht, heisst es: Ὁ ἱερεὺς τοῦ Ἀπόλλωνος τοῦ Ἐριθασέου π[ρ]|οαγορεύει καὶ ἀπαγορεύει ὑπέρ τε ἑαυτ[οῦ]|καὶ τῶν δη[μο]τῶν καὶ τοῦ δήμου τοῦ Ἀθηνα[ί]|ων μὴ κόπτειν τὸ ἱερὸν τοῦ Ἀπόλλωνος μηδὲ [φ]|ἐρει(ν) ξύλα μηδὲ κοῦρον μηδὲ φρύγανα μηδ[ὲ]|φυλλό[β]ολα ἐκ τοῦ ἱεροῦ· ἂν δέ τις ληφθεῖ [κ]|όπτων ἢ φέρων τι τῶν ἀ[π]ειρημένων ἐκ τοῦ [ἱ]|εροῦ, ἂν μὲν δοῦλος εἶ ὁ λη[φ]θείς, μαστιγώ[σ]|εται πεντήκοντα πληγάς, καὶ παραδώσει [α]|ὑτὸν καὶ τοῦ δεσπότου τοὔνομα ὁ ἱερεὺς [τ]ῷ βασιλεῖ καὶ τεῖ βουλεῖ κατὰ τὸ ψήφισ[μ]|α τῆς βουλῆς καὶ τοῦ δήμου τοῦ Ἀθηναίων· | ἂν δὲ ἐλεύθερος εἶ, θοάσει (θωιάσει Dittenb.) αὐτὸν ὁ ἱερεὺ[ς] μετὰ τοῦ δημάρχου πεντήκοντα δραχμαῖς | καὶ παραδώσει τοὔνομα αὐτοῦ τῷ βασιλ[εῖ] | καὶ τεῖ βουλεῖ κατὰ τὸ ψήφισμα τῆς βου[λ]ῆς καὶ δήμου τοῦ Ἀθηναίων. Eine ganz ähnliche Verordnung in Betreff des heiligen Haines Karneasion lesen wir in der Mysterieninschrift von Andania bei Le Bas-Foucart Explic. des inscr. gr. et lat. II, n. 326a, Z. 78—80, p. 162 — Sauppe Abh. der kön. Ges. d. W. zu Göttingen, hist.-philol. Cl. VIII, S. 240: Περὶ τῶν κοπτόντων ἐν τῷ ἱερῷ. Μηθεὶς κοπτέτω ἐκ τοῦ ἱεροῦ τόπου· | ἂν δέ τις ἁλῷ, ὁ μὲν δοῦλος μαστιγούσθω ὑπὸ τῶν ἱερῶν, ὁ δὲ ἐλεύθερος ἀποτεισάτω ὅσον κα οἱ ἱεροὶ ἐπικρίνωντι· ὁ δὲ ἐπιτυχὼν ἀγέτω | αὐτοὺς ἐπὶ τοὺς ἱεροὺς καὶ λαμβανέτω τὸ ἥμισυ. Endlich gehört hierher das im Bulletin de corresp. hellénique IX, 1885, p. 9 veröffentlichte Bruchstück einer kretischen Inschrift.

16) Die Worte ὅπως ταξάμενοι ἀποδώσιν können nichts anderes bedeuten, wie denn auch die meisten Ausleger des Thukydides, sowie Sauppe Inscr. maced. quat. p. 12 und Böckh Staatshaushalt. II, S. 614[2] (373[*]) sie so gefasst haben. Die Erklärung Classens, 'ταξάμενοι, nach einer gütlichen Abschätzung, über die sie sich vereinigen würden', welcher

auch Stahl in seiner Bearbeitung der Poppo'schen Ausgabe gefolgt ist, widerlegt sich schon durch das Verbum ἀποδώσιν, zu welchem nur τὴν ζημίαν aus dem Vorhergehenden ergänzt werden kann. Dass τάξις als technischer Ausdruck für die Festsetzung von Fristzahlungen zwischen dem Schuldner und seinem Gläubiger ganz gebräuchlich war, lehren die von Sauppe a. a. O. gesammelten Stellen, und so sind, wie ebenderselbe richtig gesehen hat, auch die Verba τάξασθαι hier und κατατάξασθαι in der Rede g. Theokrines § 17 zu verstehen. Die Stelle bei Thukyd. I, 117, 3 χρήματα τὰ ἀναλωθέντα κατὰ χρόνους ταξάμενοι ἀποδοῦναι kann nicht mit Lupus Jahrb. f. class. Philol. 1875, S. 168 gegen diese Auffassung geltend gemacht werden; denn hier ist τάξασθαι eben nicht in jenem engeren und technischen Sinne gebraucht, sondern bedeutet einfach 'sich auferlegen', daher κατὰ χρόνους zu ἀποδοῦναι hinzugefügt werden musste. Thukydides hätte auch an unsrer Stelle schreiben können ὅπως κατὰ χρόνους ἀποδῶσιν, hat aber statt dessen den das nämliche besagenden technischen Ausdruck gewählt, vielleicht weil derselbe in dem ihm vorliegenden korkyraeischen Berichte gebraucht war.

17) Also gleich nach ihrer Ankunft in Athen war es den korkyraeischen Gesandten gelungen, einen Theil der Anhänger des eben ermordeten Peithias, welche selbst nur durch schleunige Flucht auf die damals noch im Hafen von Korkyra liegende attische Triere den Dolchen der verschworenen Oligarchen entgangen waren, so vollständig auf ihre Seite zu ziehen, dass die Athener es für nöthig hielten, sie ebenfalls in Aegina zu interniren. Dies ist weit auffälliger, als vieles von dem, was Müller-Strübing an dem Berichte des Thukydides über die korkyraeischen Händel beanstandet hat. Aber statt zu sagen, 'ich kann das nicht glauben, ich halte es für unmöglich', thun wir besser, es als Thatsache hinzunehmen und darnach unser Urtheil über die damalige korkyraeische Demokratie zu bilden. Wenn Peithias solch charakterloses Gesindel unter seiner Partei hatte, so kann es nicht Wunder nehmen, dass er nicht im Stande war, jenen den Athenern ungünstigen Volksbeschluss zu hindern, von dem in A. 10 gehandelt worden, obwohl sein politischer Einfluss einige Zeit darauf sich wieder mächtig zeigte.

18) Der Neutralitätsbeschluss, den die Oligarchen kurz vorher durchgesetzt hatten, war ja nicht ihr letztes Ziel, sollte vielmehr nur dem Volke Sand in die Augen streuen. In Wahrheit wollten sie ihre Insel den Korinthern in die Hände spielen, und dazu hielten sie jetzt die Zeit für gekommen. Nichts liegt näher als die Annahme, dass nach der Ankunft eines korinthischen Kriegsschiffes, welches jene vermuthlich selbst herbeigerufen hatten, das Volk Verdacht schöpfte und sich zusammenrottete. Und so kann man sich den Angriff der Oligarchen auf dasselbe bei einigem guten Willen sehr wohl erklären.

19) ὁ μὲν δῆμος ἐς τὴν ἀκρόπολιν καὶ τὰ μετέωρα τῆς πόλεως καταφεύγει, καὶ αὐτοῦ ξυλλεγεὶς ἱδρύθη καὶ τὸν Ἱλλαϊκὸν λιμένα εἶχον· οἱ δὲ τήν τε ἀγορὰν κατέλαβον, οὗπερ οἱ πολλοὶ

— 73 —

ὤκουν αὐτῶν, καὶ τὸν λιμένα τὸν πρὸς αὐτῇ καὶ πρὸς τὴν ἤπειρον.

20) Offenbar hatten sie die Schiffswerft mit dem Arsenal zu ihrem Standquartier gemacht und waren von hier aus zum Angriff gegen den Demos vorgegangen.

21) δείσαντες οἱ ὀλίγοι μὴ αὐτοβοεὶ ὁ δῆμος τοῦ τε νεωρίου κρατήσειεν ἐπελθὼν καὶ σφᾶς διαφθείρειεν, ἐμπιπρᾶσι τὰς οἰκίας τὰς ἐν κύκλῳ τῆς ἀγορᾶς καὶ τὰς ξυνοικίας, ὅπως μὴ ᾖ ἔφοδος, φειδόμενοι οὔτε οἰκείας οὔτε ἀλλοτρίας, ὥστε καὶ χρήματα πολλὰ ἐμπόρων κατεκαύθη καὶ ἡ πόλις ἐκινδύνευσε πᾶσα διαφθαρῆναι, εἰ ἄνεμος ἐπεγένετο τῇ φλογὶ ἐπίφορος ἐς αὐτήν.

22) Dieselben hatten sich vermuthlich auf der korinthischen Triere davon gemacht. Aus der ganzen Sachlage ergibt sich, dass unter den abzuurtheilenden δέκα ἄνδρες nur Leute der oligarchischen Partei zu verstehen sind. Die Bemerkung Classens, 'man bezeichnete, um Blutvergiessen zu vermeiden, von beiden Seiten nur solche Personen, die sich schon in Sicherheit gebracht hatten', ist verfehlt.

23) καθίζουσιν ἐς τὸ τῶν Διοσκόρων ἱερόν.

24) Wer einen ἱκέτης, der sich an einer gottgeweiheten Stätte niedergesetzt hat, zum Aufstehen veranlasst, stellt denselben eben dadurch unter seinen Schutz oder verbürgt sich für dessen Sicherheit, und dieser Sinn liegt in dem technischen Ausdruck ἀνιστάναι inbegriffen. Der Gegensatz davon wird 1, 24 a. E. durch die Worte τὴν ἱκετείαν οὐκ ἐδέξαντο (= τοὺς ἱκέτας οὐκ ἀνέστησαν) bezeichnet. So, wie an unsrer Stelle, auch unten § 5, und I, 137, 1, wo es vom Molosserkönige Admetos mit Bezug auf den an seinen Herd geflüchteten Themistokles heisst: ὁ δὲ ἀκούσας ἀνίστησί τε αὐτὸν μετὰ τοῦ ἑαυτοῦ υἱέος (ὥσπερ καὶ ἔχων αὐτὸν ἐκαθίζετο, καὶ μέγιστον ἦν ἱκέτευμα τοῦτο). Vgl. noch I, 128, 1. Wenn das eigentlich Selbstverständliche zuweilen noch besonders ausgedrückt wird, so hat das immer einen bestimmten Grund. So I, 126, 11 ἀναστήσαντες δὲ αὐτοὺς (die Kyloneier) οἱ τῶν Ἀθηναίων ἐπιτετραμμένοι τὴν φυλακήν, — , ἐφ' ᾧ μηδὲν κακὸν ποιήσουσιν, wo ohne Zweifel die Absicht des Geschichtschreibers, die Darstellung Herodots V, 71 zu berichtigen, den Zusatz veranlasst hat. Denn nach dem letzteren war die den Kyloneiern gemachte Zusage keine so weitgehende, sondern garantirte ihnen nur die Schonung ihres Lebens. Vgl. Duncker Gesch. d. Alterth. VI⁵, S. 183, A. 1. Ferner III, 28, 2 Πάχης δ' ἀναστήσας αὐτοὺς (die Hauptschuldigen der Mytilenaeer) ὥστε μὴ ἀδικῆσαι, wo die drei letzten Worte wohl aus dem Grunde hinzugefügt sind, weil Paches die schon in den allgemeinen Capitulationsbedingungen enthaltene Zusicherung jenen noch besonders wiederholen musste, um ihr Misstrauen zu beschwichtigen. Auch I, 133 g. E. erklärt sich die gewählte Wendung πίστιν ἐκ τοῦ ἱεροῦ διδόντος τῆς ἀναστάσεως leicht aus dem Zusammenhang der dort erzählten Begebenheiten. Im Uebrigen verweise ich zur Rechtfertigung der oben gegebenen Uebersetzung auf Anm. 27.

Müller-Strübing S. 598 hat dem hier und unmittelbar vorher über Nikostratos Berichteten die Glaubwürdigkeit abgesprochen. Er geht dabei von der Voraussetzung aus, dass der athenische Strateg wusste, dass eine sehr starke korinthisch-lakedaemonische Flotte in Kyllene versammelt war mit der Absicht, nach Korkyra zu fahren, dass er also darauf gefasst sein musste, schon auf seiner Rückfahrt nach Naupaktos mit dieser Flotte zusammenzustossen. Aber hätte er unter diesen Umständen überhaupt daran denken können, von Korkyra abzusegeln? Diese seine Absicht beweist doch wohl, dass er von der Anwesenheit einer feindlichen Flotte in Kyllene keine Ahnung hatte. Demnach haben wir anzunehmen, dass er, wenn nicht früher, so doch zu derselben Zeit von Naupaktos aufgebrochen war, zu welcher die Schiffe der Peloponnesier in Kyllene sich sammelten. Das durch seine Vermittelung herbeigeführte Zustandekommen des Vertrags zwischen den sich gegenüberstehenden Parteien auf Korkyra und des Schutz- und Trutzbündnisses der Korkyraeer mit Athen, seine weiteren Verhandlungen mit den demokratischen Führern, seine Bemühungen, das Misstrauen der Oligarchen zu beseitigen und Ausschreitungen des Volkes gegen dieselben zu verhindern, das alles bis zu der C. 75 a. E. gemeldeten Ueberführung der Oligarchen auf die vor dem Heraeon gelegene Insel muss doch eine Reihe von Tagen in Anspruch genommen haben. Vier oder fünf Tage nach jener Ueberführung kommt die peloponnesische Flotte im Hafen Sybota in Thesprotien an (C. 76). Also haben wir uns die Vorbereitungen des Alkidas und Brasidas zum Zuge nach Korkyra als während der C. 75 erzählten Begebenheiten stattfindend zu denken (dass sie möglichst beschleunigt wurden, zeigt C. 69 g. E.). Diese Annahme erhält noch eine weitere Bestätigung durch das unten C. 80, 2 Berichtete. Denn hätte die peloponnesische Flotte so lange in Kyllene gelegen, wie Müller-Strübing mit Grote (Gesch. Griechenlands III, S. 522² d. d. Uebers.) annimmt, so würden die sechzig Schiffe unter Eurymedon, welche die Athener auf die Nachricht von der beabsichtigten Unternehmung des Alkidas gegen Korkyra abgesandt hatten, demselben höchst wahrscheinlich zuvorgekommen sein. So aber erscheinen sie erst in der zweiten Nacht nach der C. 77—78 geschilderten Seeschlacht, als die Peloponnesier bereits wieder nach ihrer Station Sybota abgesegelt waren, auf der Höhe von Leukas. Hierdurch wird selbstverständlich auch die von Müller-Strübing gebilligte Vermuthung Grotes (a. O. S. 520) hinfällig, dass das C. 72 erwähnte korinthische Schiff wahrscheinlich die baldige Ankunft der Flotte des Alkidas gemeldet habe. Dass diese Flotte den Korkyraeern ganz unerwartet kam, zeigt überdies die C. 77 geschilderte völlige Verwirrung, in welche sie durch das Erscheinen derselben versetzt wurden, wie denn auch schon die von den Führern der Volkspartei an Nikostratos gestellte Bitte und die Art ihrer Begründung nur unter der Voraussetzung zu verstehen ist, dass die von einer feindlichen Kriegsflotte drohende, weit grössere Gefahr ihnen unbekannt war. — Sind nun die vorstehenden Ausführungen, wie ich hoffe, richtig, so ist es keineswegs unbegreiflich, dass der athenische Strateg sich bereit finden liess, fünf von seinen Schiffen gegen ebenso viele korkyraeische auszutauschen. Als er dies den demokratischen Führern auf ihre Vorstellungen hin bewilligte, wusste er nichts von der perfiden Absicht derselben, die ihm mitzugebenden Schiffe nur mit Leuten der Gegenpartei zu bemannen. Wenn er sich das gleichwohl gefallen liess, so that er es offenbar im festen Vertrauen auf die soeben beschworenen Verträge. Allerdings beruhte diese Zuversicht auf einer unrichtigen Beurtheilung der thatsächlichen Verhältnisse. Aber besonderen staatsmännischen Blick dem Nikostratos zuzutrauen haben wir auch keine Veranlassung: wir kennen ihn aus Thukydides nur als tapferen Krieger und tüchtigen Heerführer. Wenn er mit dem von Aristophanes in den Wespen 81 erwähnten Skamboniden Nikostratos identisch ist, wie ich mit Droysen z. d. St. und Gilbert Beitr. zur inneren Gesch. Athens S. 144 annehme, so war er $\varphi\iota\lambda o\vartheta v\tau\eta\varsigma$, also $\delta\epsilon\iota\sigma\iota\delta\alpha\iota\mu\omega\nu$ (vgl. d. Schol.).

25) Die von van Herwerden und Müller-Strübing angenommene Vermuthung Cobets (Var. Lect. p. 447 [2]) $\dot{o}\rho\gamma\iota\sigma\vartheta\epsilon\iota\varsigma$ für $\dot{o}\pi\lambda\iota\sigma\vartheta\epsilon\iota\varsigma$ ist verfehlt. Der Schriftsteller will sagen, dass die Weigerung der Oligarchen, die Schiffe zu besteigen, den Demos veranlasste, gegen etwaige neue Anschläge derselben dadurch sich zu sichern, dass er die in Folge des Friedensschlusses natürlich niedergelegten Waffen von neuem ergriff und zugleich der Waffen der Gegner sich bemächtigte.

26) 'Aber diese Häuser existirten ja nicht mehr', ruft Müller-Strübing S. 599 mit Emphase aus. Hierbei ist zunächst ganz ausser Acht gelassen, dass Thukydides C. 72, 3 nicht gesagt hat, dass alle, sondern nur, dass die meisten (οἱ πολλοί) der Oligarchen am Markte wohnten. Und sodann werden diese Reichen doch gewiss mehrere Häuser in der Stadt oder Landhäuser in nächster Nähe derselben besessen haben. Oder hält es Müller-Strübing etwa für wahrscheinlich, dass durch die Einäscherung ihrer Häuser am Markte sie und ihre Familien obdachlos geworden waren?

27) Daraus geht hervor, dass die Oligarchen das Hieron der Dioskuren unter dem Schutze des Nikostratos wirklich verlassen hatten, wenn sie sich auch nicht durch ihn bewegen liessen, die Schiffe zu besteigen. Jenes $\dot{\alpha}\nu i\sigma\tau\eta$ ist also keineswegs, wie man gewöhnlich erklärt, von dem blossen Versuche, sondern von der wirklichen Durchführung zu verstehen, und die Worte $\dot{\omega}\varsigma\ \delta'\ o\dot{v}\kappa\ \ddot{\epsilon}\pi\epsilon\iota\vartheta\epsilon\nu$ beziehen sich nur auf das unmittelbar vorhergehende $\pi\alpha\rho\epsilon\mu\upsilon\vartheta\epsilon\tilde{\iota}\tau o$, nicht auch auf $\dot{\alpha}\nu i\sigma\tau\eta$. Ich denke mir, dass der athenische Strateg in einer Versammlung, zu welcher er diese Leute berufen hatte, ihre Befürchtungen zu beschwichtigen suchte. Innerhalb des Tempels oder seines Bezirkes kann diese Verhandlung doch nicht wohl stattgefunden haben; ja es fragt sich, ob Nikostratos als Athener das dorische Heiligthum betreten durfte.

28) $\kappa\alpha\vartheta i\zeta o v\sigma\iota v\ \dot{\epsilon}\varsigma\ \tau\dot{o}\ \emph{Ή}\rho\alpha\iota o v\ \dot{\iota}\kappa\dot{\epsilon}\tau\alpha\iota$.

29) Die Zahl der für fünf Schiffe ausgehobenen Oligarchen, welche doch sicherlich nicht als Ruderer und Matrosen, sondern als Seesoldaten

dienen sollten, kann unmöglich so gross gewesen sein. Bekanntlich kamen zur Zeit des peloponnesischen Krieges bei den Athenern etwa 10 Epibaten auf die Triere. Nikostratos hatte allerdings zugleich 500 messenische Hopliten mitgebracht, also auf jedem seiner zwölf Schiffe rund 42. Nehmen wir nun mit Rücksicht darauf selbst an, dass jedes der fünf Schiffe mit 52 Seesoldaten zu bemannen war, so kommen doch immer erst 260 Mann heraus. Wenn nach Thukyd. I, 49 in der Seeschlacht von Sybota zwischen den Korkyraeern und Korinthern beide Theile viele Schwerbewaffnete, Bogenschützen und Wurfspiessträger auf den Verdecken ihrer Schiffe hatten, so kann das für diese Zeit nicht mehr in Betracht kommen, denn mittlerweile hatten alle und namentlich auch die Korkyraeer in der Kunst des Seegefechts von den Athenern gelernt, und jedenfalls würde Nikostratos eine solche Ueberfüllung der Schiffe sich ernstlich verbeten haben. Demnach müssen unter οἱ ἄλλοι zu Anfang von § 5 nicht allein die den τινές zu Ende von § 4 entgegengesetzte Mehrzahl der Recusanten, sondern allgemeiner die übrigen Oligarchen verstanden werden, welche sich, nachdem der Demos die Waffen wieder ergriffen und einige von der Gegenpartei mit dem Tode bedrohet hatte, in ihrer Sicherheit gefährdet sahen. Es findet hier also eine ähnliche Erweiterung des Subjectes statt, wie oben C. 70, 6, wo οἱ δέ zuerst die fünf reichsten Männer, dann die Oligarchen überhaupt sind (vgl. Müller-Strübing S. 595). Uebrigens haben wir uns auch unter diesen Vierhundert nur die angesehensten und politisch einflussreichsten Oligarchen zu denken; denn die Partei als solche war viel stärker, wie wir schon daraus ersehen, dass in der nachher beschriebenen Seeschlacht zwischen den Korkyraeern und Peloponnesiern, während welcher die Vierhundert auf der vor dem Heraeon liegenden Insel in Gewahrsam waren, zwei von den korkyraeischen Schiffen sofort zum Feinde übergingen, und auf anderen die Besatzung unter einander handgemein wurde (C. 77, 2). Das nämliche zeigen C. 80, 1. 81, 4 und 85, 2.

30) διακομίζει ἐς τὴν πρὸ τοῦ Ἡραίου νῆσον.

31) ἢ καί ἄλλο τι νεωτερίσωσι, woran Müller-Strübing S. 601 Anm. ohne allen Grund Anstoss genommen hat. Seine Behauptung, dass das Wort νεωτερίζειν bei Thukydides immer nur von Intriguen, Complotten, blutigen Anschlägen innerer Feinde in Parteikämpfen gebraucht werde, widerlegt sich durch Stellen wie II, 3, 1. I, 58, 1. III, 11, 1. IV, 51, 1.

32) 'Wer sind die?', fragt Müller-Strübing S. 601. Darauf haben die Ausleger längst richtig geantwortet. Es sind diejenigen von der oligarchischen Partei, welche nicht in das Heraeon ihre Zuflucht genommen hatten. Vgl. das oben A. 29 Bemerkte.

33) καὶ ὑπὸ νύκτα αὐτοῖς ἐφρυκτωρήθησαν ἑξήκοντα νῆες Ἀθηναίων προσπλέουσαι ἀπὸ Λευκάδος. Die Worte ἀπὸ Λευκάδος nicht mit dem unmittelbar vorhergehenden προσπλέουσαι, sondern mit ἐφρυκτωρήθησαν zu verbinden, wie einige wollen, ist grammatisch kaum zulässig. Dazu kommt, dass die Entfernung zwischen Leukas und Sybota, wo die peloponnesische Flotte stationirt war, nicht weniger denn 40 Seemeilen

beträgt, also viel zu gross ist, als dass Feuerzeichen, welche an ersterem Orte gegeben wurden, an letzterem bemerkt werden konnten. Oberhummer Akarnanien S. 103 Anm. glaubt, dass die Signalisirung von dem unweit der Stadt Leukas gelegenen, 528 M. hohen Berge Evthelika (gemeint ist der thatsächlich 568 M. hohe Gipfel des heil. Elias, welcher auf der englischen Seekarte den heute völlig verschollenen Namen Evtbelika führt, vgl. Partsch Die Insel Leukas, in Petermanns Mitteilungen, Ergänzungsheft Nr. 95, 1889, S. 11, A. 1) erfolgt sein könne, da die Aussichtsweite von 40 Seemeilen, die nöthige Lichtstärke des Signales vorausgesetzt, in einer Höhe von 400 M. erreicht werde. Aber was berechtigt uns denn dazu, eine so bedeutende Lichtstärke vorauszusetzen? Offenbar ist das Signal in viel geringerer Entfernung von Sybota von einem hochgelegenen Punkte der epeirotischen Küste aus gegeben worden. Auch wird dasselbe wohl nur die Annäherung feindlicher Schiffe von Leukas her, nicht auch die Zahl derselben gemeldet haben; denn ἑξήκοντα kann, wie einige der Erklärer bemerkt haben, anticipirender Zusatz des Schriftstellers sein. Mit der Wahrscheinlichkeit, dass eine Flotte von Athen nach Korkyra kommen werde, hatten Alkidas und Brasidas von vorn herein gerechnet (s. C. 69, 2), und sie werden daher an einer geeigneten Stelle der Küste eine Signalstation eingerichtet haben. Das C. 81 zu Anf. Erzählte steht mit dieser Auffassung nur scheinbar in Widerspruch. S. unten Anm. 35.

34) πυνθανόμενοι τὴν στάσιν καὶ τὰς μετ' Ἀλκίδου ναῦς ἐπὶ Κέρκυραν μελλούσας πλεῖν sagt der Geschichtschreiber wohl etwas ungenau. Denn die Nachricht von dem Ausbruch der Stasis hatten die Athener schon durch die C. 70 erwähnte attische Triere und die auf ihr nach Athen geflüchteten Anhänger des ermordeten Peithias erhalten. Damals ist offenbar dem vor Naupaktos liegenden Nikostratos der Befehl zugegangen, mit seinen zwölf Schiffen und den fünfhundert Messeniern nach Korkyra sich zu begeben, und diese Macht genügte zur Wiederherstellung der Ordnung, so lange keine Einmischung von Seiten der Peloponnesier zu befürchten war. Also nicht die Stasis an sich, sondern erst die von der Flotte des Alkidas drohende Gefahr wird die Athener zur Aufbietung stärkerer Streitkräfte bestimmt haben.

35) Zu der Zeit, da Alkidas vor Leukas eintraf, mussten die von dorther auf Korkyra segelnden attischen Schiffe allerdings schon so weit in nördlicher Richtung vorwärts gekommen sein, dass die peloponnesische Flotte, auch wenn sie aussen um Leukas herumgefahren wäre, schwerlich noch von denselben hätte gesehen werden können. Dies hat Müller-Strübing S. 617, Anm. 10 mit Recht hervorgehoben, und das ist ja eben der Grund, durch welchen Didot und ihm folgend Goeller, Poppo-Stahl und andere sich haben bestimmen lassen, im vorhergehenden Capitel die Worte ἀπὸ Λευκάδος mit ἐφρυκτωρήθησαν zu verbinden. Aber wer der tollen Flucht des Alkidas durch das aegaeische Meer sich erinnert, wird in der Aengstlichkeit und Feigheit dieses Mannes eine hinreichende Erklärung für die von ihm getroffene über-

flüssige Massregel finden. Freilich war jetzt auch Brasidas als Beirath des Nauarchen an Bord. Aber sein Einfluss hatte sich ja schon vorher als ohnmächtig erwiesen (C. 79, 3). Oberhummer a. a. O. bemerkt, wenn im Augenblicke der Signalisirnng die attische Flotte bereits zwischen Leukas und Korkyra gewesen wäre, so hätten die peloponnesischen Schiffe, auch wenn sie längs der Küste fuhren, nicht unbemerkt bleiben können. Diesen Schluss kann ich nicht als einen zwingenden anerkennen, um so weniger, als die Kreuzung der beiden Flotten wahrscheinlich in der Nacht stattfand. Segelte doch auch im folgenden Kriegsjahre eine 60 Schiffe starke peloponnesische Flotte von Korkyra nach Pylos, ohne von den vor Zakynthos liegenden athenischen Trieren bemerkt zu werden (Thukyd. IV, 8, 2). Wenn Oberhummer sich die Sache so vorstellt, dass, während die attische Flotte aussen um die Insel Leukas herumfuhr, Alkidas seine Schiffe durch den Dioryktos gebracht habe, so lässt sich hiergegen auch noch das einwenden, dass in diesem Falle der Geschichtschreiber schwerlich ὅπως μὴ περιπλέοντες ὀφθῶσιν gesagt haben würde, sondern vielmehr ὅπως μὴ περιπλέοντες ξυγκρούσωσιν oder Aehnliches.

36) Dass die demokratische Partei die messenischen Hopliten in die Stadt geführt habe, um, wie Classen meint, mit ihrer Hülfe die Oligarchen zu überfallen und niederzumachen, ist eine Annahme, welche in der nachfolgenden Erzählung keine Stütze und auch an sich keine Wahrscheinlichkeit hat, da ja diese Messenier unter dem Befehle des Nikostratos standen. Man wird denselben also nur zu dem Zwecke jetzt Quartiere innerhalb der Stadt angewiesen haben, um die Gegenpartei niederzuhalten und desto leichter die beabsichtigte Metzelei ausführen zu können. Wenn Nikostratos, von dem wir früher gelesen haben, dass er einigen vom Demos bedrohten Oligarchen das Leben rettete, den nunmehr folgenden Greueln ebenso ruhig zusieht, wie nachher Eurymedon, so wird die Aenderung seines Verhaltens durch die C. 77, 2 berichteten Vorgänge während der Seeschlacht veranlasst worden sein. Vgl. übrigens unten Anm. 41.

37) καὶ τὰς ναῦς περιπλεῦσαι κελεύσαντες ἃς ἐπλήρωσαν ἐς τὸν Ὑλλαϊκὸν λιμένα.

38) ἐν ὅσῳ περιεκομίζοντο.

39) Wenn auch die Zahl der Oligarchen, welche sich hatten bewegen lassen, die Schiffe zu besteigen, nach C. 80, 1 keine grosse gewesen sein kann, so musste doch den Führern des Demos daran liegen, dass denselben die Niedermetzelung ihrer Parteigenossen in der Stadt verborgen blieb, zumal wenn sie, wie man im Hinblick auf das C. 77, 2 Erzählte wohl vermuthen darf, der übrigen Schiffsmannschaft nicht unbedingt sicher waren. Daher die Entfernung der Schiffe nach dem hyllaïschen Hafen.

40) Da, wie später gezeigt werden wird, das Heraeon hoch lag und einen weiten Blick über einen grossen Theil der Stadt und ihre nächste Umgebung gewährte, so konnten die hier zurückgebliebenen Oligarchen

allerdings die Hinrichtung ihrer Genossen oder wenigstens die Abführung derselben zur Hinrichtung (die ohne Zweifel ausserhalb der Stadt vollzogen wurde) sehen. Die Bemerkung Müller-Strübings S. 603, 'also schon wieder sahen die im Tempel sitzenden Schutzflehenden etwas was draussen geschah', ist, um mich gelind auszudrücken, recht unüberlegt. Denn bekanntlich war der Schutz, welchen eine Gottheit den zu ihrem Heiligthume Flüchtenden gewährte, nicht auf den Tempel selbst beschränkt, sondern dehnte sich auch auf den Peribolos desselben aus (wofür es genügen mag, auf Thukyd. I, 133 und 134 zu verweisen), und hier haben wir uns die immer noch mehr als 300 ίκέται wenigstens Tags über sich aufhaltend zu denken. — Dass der Verurtheilung der 60 Männer zum Tode die Hinrichtung derselben unmittelbar folgte, hat der Geschichtschreiber zwar nicht ausdrücklich ausgesprochen, aber es ist das in dem Zusammenhang der geschilderten Ereignisse allerdings, wie Classen bemerkt, selbstverständlich, ebenso selbstverständlich wie dass trotz dem allgemeinen Subject Κερκυραῖοι zu Anfang von § 2 die Reihe der nachfolgenden Handlungen nicht immer von denselben Korkyraeern', sondern von verschiedenen Abtheilungen des korkyraeischen Demos vollzogen wird. Müller-Strübings Auffassung dieses ganzen Satzes S. 602 ist völlig verkehrt.

41) Mit den Worten *ἡμέρας τε ἑπτά* beginnt ein neuer und zwar der vorläufig letzte Akt der korkyraeischen Greuel, welcher die Zeit nach der Ankunft der 60 attischen Schiffe unter Eurymedon umfasst. Von Nikostratos ist auffälliger Weise gar nicht mehr die Rede: wir haben anzunehmen, dass derselbe sofort nach Eintreffen seines Collegen nach Naupaktos abgefahren war, wohin er ja schon längst zurückzukehren beabsichtigt hatte (C. 75, 2). Während der C. 81, 2 geschilderten Ereignisse war er aber jedenfalls noch anwesend, wie Müller-Strübing S. 602 aus der Erwähnung der Messenier mit Recht geschlossen hat.

42) *τὴν μὲν αἰτίαν ἐπιφέροντες τοῖς τὸν δῆμον καταλύουσιν*, wörtlich: 'indem sie zwar die Beschuldigung gegen diejenigen erhoben, welche die Demokratie auflösen wollten', d. h. indem sie zwar als allgemeinen Grund für die Tödtung ihrer Feinde die Bedrohung der Staatsverfassung hinstellten. Die richtige grammatische Erklärung der Worte hat doch wohl Krüger gegeben. Die Conjectur ὡς für τοῖς scheint nicht erforderlich.

43) *περιοικοδομηθέντες ἐν τοῦ Διονύσου τῷ ἱερῷ*.

44) *τείχη τε λαβόντες, ἃ ἦν ἐν τῇ ἠπείρῳ, ἐκράτουν τῆς πέραν οἰκείας γῆς*. Unter diesen τείχη sind offenbar die Befestigungen zu verstehen, welche die Korkyraeer zum Schutze ihrer Peraea gegen die umwohnenden Stämme der Chaoner und Thesproter errichtet hatten.

45) Die Hungersnoth in der Stadt Korkyra wird IV, 2, 3 von neuem erwähnt und hat daher wohl ein Jahr, wenn nicht länger, angedauert (wie viel Zeit zwischen der Abfahrt des Eurymedon von Korkyra und der Besitzergreifung der korkyraeischen Peraea durch die dem Blutbad

entronnenen Oligarchen verstrich, lässt sich freilich aus dem unbestimmten ὕστερον in III, 85, 2 nicht abnehmen). Auch diese Angabe hat vor der Kritik Müller-Strübings keine Gnade gefunden, und er steht nicht an, dieselbe für eine Abgeschmacktheit zu erklären (S. 605 f. Anm.). Aber was er zur Begründung seines Urtheils anführt, bleibt bedeutend hinter der Zuversichtlichkeit, mit welcher er es ausspricht, zurück, und die heutigen Verhältnisse, von welchen er ausgeht, sind ganz unrichtig dargestellt. Ueber diese kann ja nunmehr jeder aus der Monographie von Partsch gründlich sich belehren. Korfu ist allerdings ein von der Natur reich gesegnetes Eiland; aber die Ergiebigkeit seines Bodens ist nicht überall die gleiche. Am fruchtbarsten sind der mittlere und der nordwestlichste Theil der Insel. In dem nördlichen Bergland mit seinen felsigen Hängen ist kaum ein Fünftel der Bodenfläche dem Anbau dienstbar gemacht (Partsch S. 78), und hier wird es auch im Alterthum zur Zeit der höchsten Blüthe Korkyras schwerlich anders gewesen sein. Das bekannte Zeugniss des Xenophon Hellen. VI, 2, 6 von der ἐξειργασμένη παγκάλως καὶ πεφυτευμένη χώρα bezieht sich deutlich nur auf die Inselmitte, auf welche diese Worte im allgemeinen auch heute zutreffen. Das wirthschaftliche Bild des alten Korkyra muss übrigens von dem heutigen ziemlich verschieden gewesen sein: abgesehen von dem damals ohne Zweifel grösseren Waldbestand spricht alles dafür, dass der Wein- und Getreidebau viel ausgedehnter war als in der neueren Zeit, wo seit der Herrschaft der Venetianer der Oelbaum ein sehr entschiedenes Uebergewicht behauptet. S. das Nähere bei Partsch S. 83—92. Die für Getreidebau tauglichen Flächen waren, wie derselbe S. 85 bemerkt, bedeutend genug, um bei emsiger Bewirthschaftung die Inselbevölkerung, auch wenn sie etwas zahlreicher war als die der Gegenwart, von fremder Zufuhr ziemlich unabhängig zu machen. Was die Gesammtzahl der Bewohner der Insel im Alterthum betrifft, so hat J. Beloch Bevölk. der griech.-röm. Welt S. 191 f. dieselbe auf Grund der Angaben des Thukydides über die korkyraeische Seemacht auf 70000 geschätzt, 30000 Freie und 40000 Sklaven, eine Ziffer, die nicht sehr viel hinter der heutigen Volkszahl zurückbleibt, welche im J. 1879 76469 Seelen betrug (Partsch S. 94). Beloch lässt übrigens die Möglichkeit offen, dass die Bevölkerung auch grösser gewesen sei, und Partsch S. 92 nimmt in der That, und wohl richtiger, 100 000 Seelen als Bevölkerung der Insel zur Zeit ihrer höchsten antiken Blüthe an. Für die Ernährung dieser Bevölkerung war auch die Peraea von grosser Wichtigkeit, welche die Korkyraer reichlich mit Schlachtvieh und Fischen versorgte; denn sicherlich waren die trefflichen Weidegründe und die Lagune von Buthroton in ihrem Besitze (vgl. Partsch S. 56 und 85). Es ist demnach nicht zu bezweifeln, dass in Zeiten der Ruhe und des Friedens der Bedarf der Bewohner an Lebensmitteln durch den Ertrag des Landes ausreichend gedeckt wurde. Nun mag aber schon seit dem Beginn des Krieges zwischen Korinth und Korkyra der Feldbau der Insel wegen der grossen Zahl von Sklaven, welche auf der Flotte dienen mussten, weniger emsig betrieben worden sein; eine weitere Vernachlässigung desselben wird der Ausbruch der Stasis zur Folge gehabt haben, da nach Thukyd. III, 73 beide Parteien die Sklaven auf dem Lande durch das Versprechen der Freilassung an sich zu ziehen suchten, und die Mehrzahl derselben mit dem Demos gemeinsame Sache machte. Die Besetzung der Peraea seitens der oligarchischen Flüchtlinge sodann verstopfte den Bewohnern der Insel eine sehr ergiebige Quelle des Bezugs von Lebensmitteln. Die darauf folgenden Raub- und Verheerungszüge der Oligarchen, welche zuerst vom Continente und dann mit noch grösserem Nachdruck von einem befestigten Punkte der Insel selbst aus unternommen wurden, werden selbstverständlich gerade die fruchtbarsten Striche Korkyras, insbesondere das Mittelland, betroffen haben. Hier waren Vorräthe aufgespeichert (vgl. Xenoph. a. a. O.), die man schwerlich alle rechtzeitig in die Stadt hatte schaffen können. Innerhalb der Mauern der letzteren drängte sich auch eine Menge Landvolks zusammen, welches vor den Oligarchen geflüchtet war. Ist es nach alle dem zu verwundern, dass grosse Theurung und Hungersnoth in der Stadt ausbrach? Aber da die Korkyraeer damals immer noch eine beträchtliche Flotte besassen, so stand ihnen ja die See und also der Handel mit Italien offen, meint Müller-Strübing. Nun, der auswärtige und der innere Krieg, welche gleichzeitig den Inselstaat heimsuchten, müssen doch nothwendig auch seinen Handel erheblich geschädigt haben, und wenn die fremde Zufuhr keine regelmässige und wohlgeordnete war, so konnte durch sie die Noth wohl für den Augenblick gelindert, aber nicht gründlich gehoben werden. Wer waren denn aber überhaupt jene Kaufherren, welche bisher den Handel Korkyras in Händen gehabt, durch ihren Unternehmungsgeist die Blüthe desselben herbeigeführt und dadurch ihre heimathliche Insel reich und mächtig gemacht hatten? Eben jene Oligarchen, von denen jetzt ein grosser Theil hingemordet, der andre landesflüchtig geworden war. Aus dem ganzen Berichte des Thukydides über die korkyraeischen Händel erkennt man aber, dass Thatkraft, Muth und Kühnheit nur auf dieser Seite war. Der sich selbst überlassene Demos legt nur Feigheit, Hinterlist und Blutgier an den Tag. Trotz ihrer Flotte und ihrer überlegenen Zahl machen die zur Herrschaft gelangten Demokraten keinen Versuch, die Peraea zurückzuerobern oder den Plünderungen und Verheerungen ihrer Feinde auf der Insel selbst Einhalt zu thun. Sie wagen sich nicht aus der Stadt hinaus, sondern warten unthätig auf die lange sich verzögernde Ankunft der Athener. Diese Leute sind in der That die κακοί und δειλοί, wie sie im Theognis stehen!

46) Im griechischen Texte steht ὅπως ἀπόγνοια ᾖ τοῦ ἄλλο τι ἢ κρατεῖν τῆς γῆς. Aber ich stimme ganz Krüger bei, welcher die Worte τῆς γῆς als aus dem folgenden τῆς γῆς ἐκράτουν entstanden verwirft. Denn ich halte es für unmöglich, dass der Geschichtschreiber den Ausdruck κρατεῖν τῆς γῆς in einem und demselben Satze in verschiedener Bedeutung gebraucht haben sollte: an der ersteren Stelle wäre τῆς γῆς

im Sinne von τῆς Κερκύρας gesagt, wie auch der Scholiast erklärt; an
der zweiten Stelle dagegen steht es im Gegensatz zur πόλις und ist von
der zwischen dem Castell von Istone und der Stadt sich ausdehnenden
Landschaft zu verstehen.

47) Den Zusatz καὶ τῆς γῆς ἐκράτουν erklärt Müller-Strübing a. a. O.
gleichfalls für eine Abgeschmacktheit, indem er verkehrter Weise annimmt, dass damit die Beherrschung der ganzen Insel mit Ausnahme
der Stadt gemeint sei: wie die Worte aufzufassen, zeigt die vorhergehende Anmerkung. Auch bei Xenoph. Hell. VI, 2, 6 sind die Worte
ἐκράτει τε τῆς γῆς in diesem beschränkteren Sinne, von der Beherrschung
der Ländereien in der Umgebung der Stadt, zu verstehen.

48) Die Lakedaemonier und Korinther hatten sich also nachträglich
durch die Erfolge der korkyraeischen Oligarchen doch noch bestimmen
lassen, denselben die früher (III, 85, 8) versagte Unterstützung zu Theil
werden zu lassen.

49) nämlich der Einfall der Athener unter Nikias in das korinthische
Gebiet, welcher nach IV, 42, 1 im Sommer 425 unmittelbar nach den
Erfolgen in Pylos unternommen ward.

50) ἐν τῷ ὄρει τῆς Ἰστώνης, wogegen es III, 85, 4 ἐς τὸ ὄρος
τὴν Ἰστώνην hiess. Ueber diese Verschiedenheit der Ueberlieferung
gedenke ich in Abschnitt IX eingehend zu handeln und zugleich die
oben gegebene Uebersetzung zu begründen.

51) πρὸς μετέωρόν τι.

52) καὶ αὐτοὺς ἐς τὴν νῆσον οἱ στρατηγοὶ τὴν Πτυχίαν ἐς φυ-
λακὴν διεκόμισαν ὑποσπόνδους.

53) ὑποπέμψαντες φίλους καὶ διδάξαντες ὡς κατ' εὔνοιαν δὴ λέγειν.
Die Worte ὡς κατ' εὔνοιαν δή sind natürlich mit διδάξαντες zu verbinden, nicht mit λέγειν, wie nach dem Vorgange des Schol. einige,
unter ihnen auch Classen, gethan haben, wodurch ja die Freunde selbst
zu Betrügern gemacht werden.

24) πλοῖον δέ τι αὐτοὶ ἑτοιμάσειν, was sich nur auf das Subject des
ganzen Satzes, also auf die τοῦ δήμου προστάται beziehen kann, wie
denn auch Polyaen VI, 20 die Worte des Thukydides so gefasst hat.
Classen und mit ihm Boehme-Widmann verstehen dieselben von den
Freunden und meinen, sie seien gesagt, als ob οἱ φίλοι ἔλεγον voraus-
gegangen wäre. Dass dies falsch ist, zeigt, abgesehen von der gram-
matischen Structur, auch der Anfang von C. 47, über welchen man die
folgende Anm. vergleiche. Classen mag zu seiner Erklärung durch die
Erwägung veranlasst worden sein, dass die List gar zu plump gewesen
wäre, wenn die Vorsteher des Demos selbst sich zur Stellung eines
Fahrzeugs bereit erklärt hätten. Aber wenn ihre Verschlagenheit überhaupt einmal vermocht hatte, bei den Freunden einiger weniger von
den Oligarchen den Glauben an ihre wohlwollende Absicht zu erwecken,
so konnten sie wohl auch, ohne Verdacht zu erregen, ihre Hülfe bei
der Flucht jener zusagen. Offenbar hatten sie darauf hingewiesen, dass
nach allem Vorausgegangenen die Erbitterung des Volkes gegen die

Gefangenen auf das höchste gestiegen sei, und dass sie beim besten Willen nicht im Stande sein würden, auch nur einen einzigen von ihnen vor der Wuth desselben zu retten. Uebrigens gibt ja der Geschichtschreiber selbst C. 47, 2 einen weiteren Umstand an, welcher von wesentlichem Einfluss auf das Gelingen des arglistigen Anschlags war.

55) ὡς δὲ ἔπεισαν καὶ μηχανησαμένων τὸ πλοῖον ἐκπλέοντες ἐλήφθησαν. Als Subject zu ἔπεισαν sieht man gewöhnlich wiederum die nach Ptychia abgesandten Freunde einiger von den Oligarchen an. Allein mit ὡς δὲ ἔπεισαν werden doch unverkennbar die Worte in C. 46, 4 τῶν ἐν τῇ νήσῳ πείθουσί τινας ὀλίγους aufgenommen und fortgeführt, also sind auch hier die προστάται Subject. Und daraus folgt zugleich, dass auch zu μηχανησαμένων zu ergänzen ist τῶν προστατῶν, nicht τῶν φίλων; denn andernfalls hätte bei dem Genetiv. absol. das Nomen nicht fehlen können. Auch seiner Bedeutung nach passt μηχανησαμένων offenbar weit besser für die Veranstalter der List, als für die Freunde der Oligarchen. Die Structur des Satzes ist hart, aber nicht unerträglich. Die Vermuthung von Herwerden und C. Hude (Commentarii crit. ad Thucyd. pertinentes, Haunine 1888, p. 129) ἐπείσθησαν taugt nichts, noch weniger die von Gertz (bei Hude a. O.) πεισάντων.

56) Dass die attischen Strategen in der That keine Lust hatten, die Bedingungen zu erfüllen, auf welche hin die Oligarchen sich ergeben hatten, geht zur Genüge daraus hervor, dass sie die Gefangenen erst auf die Insel Ptychia überführten, statt dieselben sofort auf ein paar Trieren nach Athen zu senden, und dass sie zu der auf der Höhe abgeschlossenen Capitulation nachträglich noch eine für die Oligarchen höchst ungünstige Clausel hinzufügten (diese Clausel fehlt in einigen Handschriften, unter denen der Vaticanus ist, und van Herwerden sieht dieselbe darum für einen fremden Zusatz an, aber sehr mit Unrecht, da ohne sie die Worte C. 47, 1 ἐλέλυντό τε — οἱ πάντες unverständlich wären). Es kann kaum einem Zweifel unterliegen, dass Eurymedon und Sophokles im Einverständniss mit den Führern des korkyraeischen Demos diese Zusatzbestimmung machten. Den Beweggrund, welchen Thukydides für die Abneigung der Strategen gegen die Ueberführung der Gefangenen nach Athen angibt, nämlich kleinliche Eifersucht, hält Müller-Strübing S. 616 natürlich wieder für eine Fiction, da er ganz genau weiss, wie Eurymedon an den athenischen Demos zu schreiben hatte, um die Ehre des Erfolgs sich selbst zu wahren!

57) Ich lese mit Stahl nach Dukers Emendation προϊόντας für προσιόντας der Handschriften.

58) Ich lese mit Herwerden ἤ τις (καί τις die Hss.) αὐτοῖς ἐδήλωσε, eine Emendation, die auch Rutherford in seiner soeben mir zu Gesicht kommenden Ausgabe des vierten Buches des Thukydides (London 1889) aufgenommen hat.

59) καὶ κλινῶν τινων, αἳ ἔτυχον αὐτοῖς ἐνοῦσαι, τοῖς σπάρτοις καὶ ἐκ τῶν ἱματίων παραιρήματα ποιοῦντες ἀπαγχόμενοι. Das in den Handschriften vor κλινῶν stehende, ganz unpassende und von den neuesten

Herausgebern (mit Ausnahme Rutherfords) in Klammern gesetzte ἐκ ist offenbar aus den folgenden Worten ἐκ τῶν ἱματίων irrthümlicher Weise hierher gerathen.

60) Dass freie Weiber, etwa gar die Frauen der Oligarchen, in dem Castell von Istone sich befunden hatten, ist kaum denkbar. Müller-Strübing S. 610, Anm. 8, der dies gleichfalls höchst unwahrscheinlich findet, aber andrerseits meint, dass von Sklavinnen nicht gesagt werden könne, sie seien andrapodisirt worden, und dass diese sicher bei der Capitulation zugleich mit den Miethstruppen würden übergeben worden und dann schwerlich hier noch einmal aufgeführt sein, hält den ganzen Satz τὰς δὲ γυναῖκας, ὅσαι ἐν τῷ τειχίσματι ἑάλωσαν, ἠνδραποδίσαντο für eine alberne Interpolation. Dass diese Worte von Thukydides herrühren, zeigt schon die Voranstellung des Pronomen αὐτούς im vorhergehenden Satze καὶ αὐτοὺς οἱ Κερκυραῖοι — — ἀπήγαγον ἔξω τῆς πόλεως, welche deutlich auf einen Gegensatz hinweist, gerade so wie C. 46, 3 mit den den Satz beginnenden Worten καὶ αὐτούς die Oligarchen selbst ihren ἐπίκουροι gegenübergestellt werden. Der Geschichtschreiber erwähnt diese Weiber erst hier, weil sie in der auf der Höhe geschlossenen Capitulation der Oligarchen gar nicht einbegriffen waren; denn sie waren ja in dem von den Männern verlassenen Castell den Eroberern desselben unmittelbar in die Hände gefallen, brauchten also gar nicht erst, wie die Miethstruppen, den Siegern übergeben zu werden. Was aber den Ausdruck ἀνδραποδίζειν betrifft, so bin ich der Ansicht, dass derselbe nicht blos von bisher freien Personen, sondern unter Umständen auch von Sklaven gebraucht werden kann, und stimme hierin ganz mit F. A. von Velsen überein, welcher im Philol. Anzeiger VII, 1875—1876, S. 372 mit Bezug auf Thuk. III, 68, 3 γυναῖκας δὲ ἠνδραπόδισαν, eine schon früher von Müller-Strübing angefochtene Stelle, bemerkt: 'ἀνδραποδίζειν ist — nur der Gegensatz zu ἀποκτείνειν. Ob die gefangenen Weiber vorher schon Sklavinnen waren oder nicht, darauf kommt hier nichts an'. Denn was Müller-Strübing Thukyd. Forschungen S. 142 gegen Velsen einwendet, kann ich nicht als stichhaltig anerkennen. Derselbe Gegensatz ist nun deutlich auch an unsrer Stelle vorhanden: der Vernichtung der Oligarchen von Istone wird das Los der mitgefangenen Weiber gegenübergestellt. — Zu beachten ist noch, dass Thukydides hier das Medium ἠνδραποδίσαντο gebraucht, während er sonst immer das Activum setzt. Letzteres auch hier herzustellen, wie einige gethan haben, ist freilich leicht, aber ungerechtfertigt. Classen vermuthet, dass das Medium in einem besondren Umstande seinen Grund habe, nämlich darin, dass die Sieger die gefangenen Weiber in eigner Sklaverei behielten, ganz mit Recht, wie ich glaube, nur hätte er nicht von den 'Frauen der Getödteten' reden sollen. Uebrigens hat schon Bétant im Lexic. Thucyd. I, p. 78 hieran gedacht, indem er zur überlieferten Lesart bemerkt: 'fortasse suas servas fecerunt'.

61) In den viel besprochenen Worten ὅσα γε κατὰ τὸν πόλεμον τόνδε sehe ich mit Ullrich Beiträge zur Erklärung des Thukydides,

S. 96 eine Beziehung auf die von Diodor XIII, 48 erwähnte korkyraeische Stasis des Jahres 410 v. Chr., deren Geschichtlichkeit nach den Ausführungen des genannten Gelehrten kein Verständiger bezweifeln kann. Vgl. auch unten Anm. 136. Aber man braucht darum nicht mit Ullrich an einen erst nachträglich vom Geschichtschreiber gemachten Zusatz zu denken: für mich folgt aus jenen Worten nur, dass Thukydides die Capitel 46—48 des vierten Buches frühestens im Jahr 410 geschrieben hat, worin ich mich mit Steup Quaest. Thucyd. p. 9 s. und 21 in Uebereinstimmung befinde. — Mit dieser Stasis des Jahres 410 möchte H. R. Pomtow i. d. Jahrb. f. class. Philol. 1883, S. 318 die eine der beiden in Dodona auf Bleiplättchen gefundenen korkyraeischen Inschriften in Verbindung bringen, in welcher die Korkyraeer beim Orakel anfragen, wie sie Eintracht unter sich herstellen könnten zum Wohle ihres Vaterlandes (Carapanos Dodone et ses ruines Pl. XXXIV, n. 4 = Pomtow n. 2 = Dittenberger Syll. n. 67 = Blass n. 3209 der Collitz-Bechtel'schen Samml. der griech. Dialekt-Inschriften B. III), während er die andere, gleichfalls auf innere Schwierigkeiten sich beziehende (Carapanos a. O. n. 5 = Pomtow n. 1 = Dittenberger n. 68 = Blass n. 3208) sogar in die Zeit kurz nach 425 v. Chr. hinaufzurücken geneigt ist. Allein da nach dem Charakter der Schriftzüge beide Urkunden zeitlich nicht weit aus einander liegen können, da ferner beide das ionische Alphabet zeigen, andrerseits aber in der einen von ihnen das Digamma erscheint, so dürfte Dittenberger beizupflichten sein, der dieselben zwischen Anfang und etwa Mitte des vierten Jahrhunderts setzt. Blass freilich will die Inschrift Carap. n. 4 dem späteren dritten Jahrhundert zuweisen wegen des fehlenden ι in Νάω: ob dieser Grund wirklich nöthigt, die Urkunde so weit hinabzurücken, erlaube ich mir zu bezweifeln, und zudem ist diese Lesung nicht einmal ganz sicher, indem das Bleiplättchen gerade zwischen den Buchstaben Α und Ω einen Riss zeigt. Die Richtigkeit der Dittenberger'schen Zeitbestimmung vorausgesetzt, halte ich es für das Wahrscheinlichste (vgl. unten Anm. 155), dass diese Anfragen der Korkyraeer beim dodonaeischen Orakel Zusammenhang haben mit den Parteikämpfen des Jahres 361 v. Chr., in Folge deren die oligarchische Partei, unterstützt durch den athenischen Feldherrn Chares, wieder die Oberhand erhielt: Diodor. XV, 95, 3. Aeneias comm. poliorc. 11, 13—15. Vgl. Mueller de Corcyr. rep. p. 37 s. Schaefer Demosth. u. seine Zeit I, S. 133 [1] (151 f. der 2. Aufl.).

62) d. i. εἰς τὸ Ὄρος. Es ist in der Volkssprache nichts Seltenes, dass Ortsbezeichnungen durch den von der Praeposition εἰς regierten Accusativ ausgedrückt werden.

63) d. i. τὸ Ἀλεύκι. So, nicht Λεύκιμο, wie gewöhnlich und auch bei Partsch S. 78 angegeben wird, nennt das Volk den südlichen Theil Korfus. Der anlautende Vokal ist weiter nichts als die im Neugriechischen sehr häufige Vorschlagssilbe α. Vgl. mein Volksleben der Neugriechen I, S. 98 mit Anm. 6. Der Name hat also wirklich mit dem alten Λευκίμμα Zusammenhang.

64) Zu τὰ γύρου kann man etwa χωριά oder μέρη ergänzen, also 'die Dörfer' oder 'die Landstriche des Kreises'. Auch τοῦ γύρου wird die Landschaft genannt. Der Name ist den meisten unverständlich geblieben, die Italiener haben ihn in Aghiru corrumpirt, und so schreibt auch Partsch S. 80. Derselbe gibt der Landschaft dieses Namens auch eine grössere Ausdehnung, d. h. er rechnet Dörfer zu ihr, welche nach den von mir bei den Bauern eingezogenen Erkundigungen, die ich, unbekümmert um officielle Eintheilungen, ausschliesslich zu Grunde lege, noch zu demjenigen Theile der Insel gehören, der στὺ Ὄρος heisst. Nur was jenseits der Passhöhe Παντελέημονας, über welche die grosse, von dem mittleren Theile Korfus heraufkommende Fahrstrasse führt, im Nordwesten liegt, wurde mir als τὰ Γύρου bezeichnet. Wenn man den gleich links von dieser Passhöhe sich erhebenden steilen Berg τὸ Καβάκι besteigt und von diesem herrlichen Aussichtspunkte aus den nordwestlichen Theil der Insel überblickt, so begreift man sehr wohl, wie derselbe zu dem Namen Γύρος kommen konnte.

65) Der auf der Endsilbe betonte Name Korfu ist unzweifelhaft daraus entstanden, dass man die Zwillingsfelsen στοὺς κορφοὺς (d. i. εἰς τοὺς κορυφούς) nannte, wenn auch eine Vulgarform κορυφός für κορυφή sonst nicht nachweisbar zu sein scheint. Vgl. Partsch S. 60. Wohl aber sagt das Volk κορφή für κορυφή. Vgl. auch κορφοβούνι, d. i. Berggipfel. Officiell heissen Stadt und Insel jetzt wieder Κέρκυρα.

66) Γαρίτσα (ἡ) ist wohl der eigentliche Name dieser Vorstadt, welchen die Korfioten, wenn sie Griechisch sprechen, ausschliesslich gebrauchen sollen.

67) Dieser Name rührt, wie mir der in der Geschichte Korfus sehr bewanderte Prof. Romanós mittheilte, von dem ehemaligen Besitzer des Eilandes, dem Venetianer Guido (= Vido) Malipieri, dem Sohne des Pietro M., her. Genau wäre also die Bezeichnung νησὶ τοῦ Βίδου. Aber man sagt kurzweg Βίδο.

68) Vgl. hierüber Benza bei Partsch S. 35.

69) Die Grabschriften des Menekrates und Arniadas, auf die ich in Abschnitt VI zu sprechen kommen werde, gehören der ersten Hälfte des sechsten Jahrhunderts, wenn nicht dem siebenten, an.

70) Vgl. Cavallari-Holm-Lupus Die Stadt Syrakus im Alterthum, S. 90 f. — Dass in vorgeschichtlicher Zeit Ortygia mit dem Festlande noch zusammenhing (vgl. ebendas. S. 17), kommt hier selbstverständlich nicht in Betracht.

71) Man vergleiche, was die Korkyraeer selbst über die Lage ihrer Insel zu Italien und Sicilien in der athenischen Volksversammlung sagen bei Thukyd. I, 36, 2: τῆς τε γὰρ Ἰταλίας καὶ Σικελίας καλῶς παράπλου κεῖται, ὥστε μήτε ἐκεῖθεν ναυτικὸν ἐᾶσαι Πελοποννησίοις ἐπελθεῖν τό τε ἐνθένδε πρὸς τἀκεῖ παραπέμψαι.

72) Die letztere steht bei Timaeos Fr. 53 M. (Schol. Apoll. Rhod. IV, 1216). Ihr folgt Duncker Gesch. des Alterth. V³, S. 403. Der Grund, den Busolt Griech. Gesch. I, S. 306, A. 2 geltend macht, um

diese Ueberlieferung als die bessere zu erweisen, ist nichts weniger als stichhaltig.

73) C. I. G. II, n. 1845, Z. 2 f. und 5: Ἀριστομένης Ἀριστολαΐδα [Τλ]ιεύς, Ψύλλας Ἀλκίμου Τλλ[εύ]ς, wie Böckh doch wohl richtig liest.

74) δύο δὲ λιμένας ἡ Φαιακὶς ἔχει, ὧν θάτερος Ἀλκινόου λέγεται.

75) Geogr. Gr. min. II, p. 450 M.: Καὶ δύο λιμένας ἔχει ἡ Φαιακίς, τὸν μὲν Ἀλκινόου, τὸν δὲ Ὕλλου.

76) Thukyd. I, 25, 4.

77) Vergil. Aen. III, 291: Protinus aërias Phaeacum abscondimus arces.

78) Κατὰ δὲ Χαονίαν νῆσός ἐστι Κόρκυρα, καὶ πόλις Ἑλληνὶς ἐν αὐτῇ, λιμένας ἔχουσα τρεῖς κατὰ τὴν πόλιν· τούτων ὁ εἷς κλειστός (so Fabricius für κάλλιστος der Hs.).

79) Vgl. oben S. 10. Es ist schwer begreiflich, wie angesichts dieser Thatsache Bursian Geogr. v. Griechenl. II, S. 360 auf den Gedanken kommen konnte, Arsenal und Werft an den hyllaïschen Hafen zu verlegen, welchen ja der Demos besetzt hatte.

80) Vgl. Thukyd. I, 37, 3.

81) Thukyd. I, 13, 4.

82) Thukyd. I, 14, 2. Vgl. auch Herod. VII, 168.

83) Das νεώριον lag zur Zeit des athenischen Kriegs am kleinen Hafen nach Thukyd. VII, 22, 1. Derselbe erwähnt aber ebenda C. 25, 5 auch παλαιοὶ νεώσοικοι am grossen. Vgl. Cavallari-Holm-Lupus a. O. S. 117 und 175.

84) Vgl. Partsch S. 65.

85) Nach der von Prof. Romanós mir gemachten Mittheilung am westlichen Rande der Besitzung des Herrn Basilákis, an der hier vorbeiführenden Strasse. Für künftige Reisende sei hier beiläufig bemerkt, dass man von dem oberen Stockwerk des auf diesem Grundstück stehenden Landhauses eine nicht nur wunderbar schöne, sondern auch für die alte Topographie sehr belehrende Aussicht hat.

86) Ancient Greek Inscriptions in the British Museum P. II, n. CLXVI mit Taf. III. Mustoxidi delle cose Corciresi n. VI, p. 188 s. W. Vischer Epigraph. und archäolog. Beiträge aus Griechenl. S. 7 = Kleine Schriften II, S. 13, n. 22 mit Taf. I, 4.

87) Vgl. Vischer a. O. S. 8 (= S. 14). — Die vier übrigen, gleichfalls in Erztafeln eingegrabenen korkyraeischen Proxeniedecrete im C. I. G. II, n. 1841—1844 und bei Mustoxidi a. O. n. VII—X, p. 191 ss. (der Wortlaut des einen Decretes, n. 1843 = Mustox. n. VII, in beiden Werken ungenau mitgetheilt, ist zu berichtigen nach Newtons neuer Veröffentlichung in den Anc. Gr. Inscript. in the Brit. Mus. II, n. CLXVII) werden von Böckh um Ol. 140 (220 v. Chr.) gesetzt. Wahrscheinlich sind auch diese in derselben, oben bezeichneten Gegend der Palaeopolis gefunden worden; doch scheint Näheres darüber nicht mehr festgestellt werden zu können.

88) Bullettino dell' Inst. di corr. arch. 1878, p. 125 s. Dittenberger Syll. n. 251.

89) Eine korkyraeische Inschrift, C. I. G. II, n. 1838, b erwähnt Z. 9 und 11 das *ναώριον* und Z. 12 die *σκευθήκα*. Es scheint sich hier um die Leitung von Quellwasser nach dem Arsenal zu handeln. Aber die Urkunde ist zu verstümmelt, als dass sich etwas Sicheres erkennen liesse. Sollte dieselbe wirklich auf den später (Abschn. IV) zu besprechenden Tempel von Kardáki sich beziehen, wie ich geneigt bin anzunehmen, so würde meine Ansetzung des Arsenals auch dadurch eine Stütze erhalten.

90) Vgl. Ulrichs Reisen und Forschungen in Griechenl. II, S. 180.

91) τὸ *Κανόνι*, so genannt nach einer ehemals in der Nähe aufgestellt gewesenen Batterie.

92) S. W. Railton im Ergänzungsband zu Stuart-Revett Antiquities of Athens, S. 276 ff. der d. Uebers. (Darmstadt 1833), welcher auch einen Auszug aus dem Berichte des Colonel Whitmore über die Ausgrabung mittheilt, mit den Tafeln Liefer. III, Pl. 4—8. Das Tübinger Kunstblatt v. J. 1823, N. 63, worin ein Bericht des Grafen Conrado Lunzi über den Zustand des Tempels im Frühling des angegebenen Jahres, von Bröndsted ins Deutsche übersetzt, steht mir nicht zu Gebote.

— Ueber das Alter des Bauwerkes sind die Ansichten sehr verschieden. Während Otfried Müller i. d. Halle'schen Allgem. Literatur-Zeitung 1835, N. 106, Sp. 219 wegen der weiten Stellung der Säulen und der grossen Höhe des Tympanon es für sehr zweifelhaft hielt, ob der Tempel vor Alexander den Gr. gesetzt werden dürfe, weist ihn G. Semper Der Stil in den techn. und tekton. Künsten II, S. 399 der 2. Aufl. dem siebenten Jahrhundert v. Chr. zu. Eine neue Untersuchung der Ueberreste durch einen Sachverständigen wäre sehr erwünscht. Wie ich höre, beabsichtigt Dörpfeld eine solche.

93) Eine zweite, die nach der Stadt geschafft worden, ist am Ausgange derselben rechts von der Strasse nach Garitsa als Laternenpfahl aufgestellt.

94) Eine kleine Ansicht der Ruine in ihrem heutigen Zustande und der Umgebung derselben nach einer Zeichnung von L. H. Fischer findet man in Lützows Zeitschrift für bildende Kunst, Jahrg. 21, 1886, S. 157.
— Riemann Rech. archéol. sur les îles Ioniennes I, p. 35 hält die oben erwähnte Strebemauer seltsamer Weise für modern!.

95) Dieselben sagten mir auch, dass die alljährlich im Mai auf dem freien Platze vor der Himmelfahrtskirche gefeierte Panegyris ehemals unten in Kardaki abgehalten worden sei. Es ist daher wohl möglich, dass das christliche Volksfest mit einer heidnischen Feier Zusammenhang hat. Vgl. Volksleben der Neugriechen I, S. 85.

96) S. Railtons Grundriss des Tempels a. a. O. Pl. 4.

97) Whitmore bei Railton a. O. S. 277.

98) S. Volksleben der Neugriechen I, S. 70—72. Zu den dort von mir beigebrachten Belegen aus dem Alterthum kann jetzt noch vieles

nachgetragen werden. So vor allem die sehr reichhaltigen Verzeichnisse von Weihgeschenken des athenischen Asklepieion C. I. A. II, 2, n. 766 (nebst 766 b in den Addenda). 767. 835. 836, und dasjenige des Heiligthums des ἥρως ἰατρός in Athen ebds. II, 1, n. 403, ferner das Votivrelief aus dem Asklepieion im Peiraeeus, das auf viereckiger Marmorplatte den Unterleib eines Mannes mit den Schamgliedern und einem Theil der Schenkel darstellt und die Inschrift trägt Ἀθηνόδωρος Ἀσκληπιῶ(ι) ἐπηκόω(ι) εὐχὴν ἀνέθηκεν im Δελτίον ἀρχαιολογ. ν. J. 1888, p. 134, n. 20, und das im Asklepieion von Epidauros gefundene Marmortäfelchen mit der Darstellung zweier menschlicher Ohren und dem Distichon darunter 'Cutius has auris Gallus tibi voverat olim, | Phoebigena, et posuit sanus ab auriculis' in d. Ἐφημ. ἀρχαιολογ. 1885, p. 199 s., weiter die von E. Miller in d. Revue archéol., Nouv. Sér. XXV, 1873, p. 154 herausgegebene Weihinschrift aus einem Tempel des Asklepios auf Thasos Δικηκράτης Φίλωνος Ἀσκληπιῶ | ἀνέθηκεν τὴν χεῖρα καὶ τὸ πε|ριραντήριον, endlich die .zu Koloë in Phrygien gefundene Inschrift mit zwei Füssen einer Frau in Flachrelief darüber, ein Gelübdegeschenk der Meltine an Artemis Anaïtis und Mên '[ὑ]πὲρ τῆς ὁλοκληρίας | [τῶν] ποδῶν', im Bullet. de corresp. hellénique IV, 1880, p. 128.

99) Vgl. Böckh im C. I. G. II, p. 15.

100) An dem Anm 92 angeführten Orte. — Böckh dagegen verhält sich ablehnend dazu, indem er p. 14 sagt: 'Templum ipsum, in quod hoc monumentum quadret, a. 1823 in loco Corcyrae Cardacchio detectum esse e diario Mediolanensi 2. Iul. 1823 refert Venturius: quasi quidquam ex his inscriptionibus iudicare de templi forma liceat.' Hiernach scheint ihm, als er diese Worte schrieb, Whitmores Bericht nicht bekannt gewesen zu sein.

101) b. 5: [β]λάπτη τὸ ῥῦμα τὸν τοῖχον. Vgl. auch ebds. Z. 10: [τοῦ] ῥύματος τοῦ ῥέοντος ἀπὸ — — —. Böckh versteht unter dem ῥῦμα, nicht eben wahrscheinlich, das vom Dache traufende Regenwasser.

102) a. 3: [π]υ[τ]τὸμ Μητροδώρου τοῖχον ἐργασίας: ↑ ↑ ↑

103) a. 9: [ἐς] τὸν ὄφιν χαλκοῦ τάλαντον, ἡμιτάλαντον, δέκα[-μναῖ]. Ebds. Z. 10: χαλκοῦ ἐς τὸν ὄφιν — —, vielleicht auch schon Z. 8, wenn Böckh richtig ergänzt, Πολίτα τοῦ [ὄφι]ος ἐργασίας. — Kein Gewicht lege ich dagegen auf b. 17: [ἀνατ]εθῇ εἰς τὸ ἱερὸν τοῦ ἁ — —, wo man den letzten Buchstaben zu Ἀ[σκληπιοῦ] (vielmehr Ἀσκλαπιοῦ) oder Ἀ[πόλλωνος] hat ergänzen wollen. Denn man erwartet hier gar nicht die Hinzufügung des Namens der Gottheit zu dem allein vollständig ausreichenden Worte ἱερόν, wie schon Mustoxidi p. 206 bemerkt hat, welcher τοῦ ἀ[ρχιτέκτον]ος τὰν ἐπιμέλειαν [ποιουμένου] vermuthete.

104) Das Museum der Alterthümer von Korfu (im Erdgeschoss des Gebäudes der ehemaligen ionischen Akademie am Ende der Esplanade, in welchem jetzt die Bürgerschule, das Gymnasium und die städtische Bibliothek vereinigt sind) bewahrt ein Flachrelief in Marmor mit einer Darstellung des Asklepios und der Hygieia. Auf einer ebendaselbst befindlichen runden Scheibe aus Terracotta scheint ein Opfer an Asklepios

dargestellt zu sein. S. Riemann a. O. p. 51. — Es wäre sehr zu wünschen, dass dieses kleine, aber manches Auserlesene enthaltende Museum einmal geordnet und ein genaues Verzeichniss seines Inhalts veröffentlicht würde. Hoffentlich unterzieht sich Professor Romanós demnächst dieser dankenswerthen Aufgabe.

105) C. I. G. IV, n. 8608. Vgl. Mustoxidi p. 406 s. (wo aber der Text fehlerhaft) und Riemann a. O. p. 32. Die Inschrift lautet: Πίστιν ἔχων βασίλιαν ἐμῶν μενέων συνέριθον | σοί, μάκαρ ὑψιμέδον, τόνδ' ἱερὸν ἔκτισα νηόν, | Ἑλλήνων τεμένη καὶ βωμοὺς ἐξαλαπάξας, | χειρὸς ἀπ'. ουτιδανῆς Ἰοβιανὸς ἔδνον ἄνακτι. Aus diesen Worten ist zu schliessen, dass auf der Stätte des heidnischen Tempels ursprünglich eine Christuskirche erbaut worden war, die nach geschehener Erneuerung der heiligen Jungfrau von Palaeopolis geweihet wurde. Dass unter Iovianus der Kaiser dieses Namens zu verstehen sei, wie man gewöhnlich annimmt, ist nicht wahrscheinlich. Vgl. Mustoxidi a. O.

106) Vgl. Henzen i. Bullett. dell' inst. di corr. arch. 1849, p. 87. Riemann a. O. p. 49 s.

107) Eine gute Strecke weiter südlich, da wo die genannte Fahrstrasse sich wieder abwärts neigt, an der Ostspitze des Eingangs in den ehemaligen hyllaïschen Hafen, sind vor kurzem von Karapanos die Grundmauern eines antiken Gebäudes aufgedeckt und eine Menge Terracottafiguren, die alle fast denselben Gegenstand, ein Weib mit Mitra auf dem Haupte und einem Thier auf jeder Hand, darstellen, gefunden worden. Ein kurzer Bericht hierüber von Prof. Romanós im Ἀρχαιολ. Δελτίον 1889, p. 124.

108) Vgl. Riemann a. O. p. 24 und 25.

109) I. G. A. ed. Roebl n. 345. Mustoxidi n. LXXXII, p. 252. Vischer Epigr. und arch. Beiträge S. 10 mit Taf. II. 8 (= Kl. Schr. II, S. 18). E. S. Roberts An Introduction to greek epigraphy I (Cambridge 1887), n. 101. S. auch Kirchhoff Studien zur Gesch. des gr. Alph. S. 106 f. der 4. Aufl.

110) Vgl. Vischer a. a. O.

111) So unter anderen auch Manso Sparta II, S. 84, Anm. t.

112) a. a. O. S. 66—68. Vgl. auch seine Karte 'Korfu und Korkyra' hinter der Abhandlung.

113) Vgl. über dieselbe Bursian Geogr. von Griechenl. II, S. 361. Partsch S. 69.

114) Freilich irrthümlicher Weise nicht als ein besonderes Eiland, sondern als einen Ort der Hauptinsel Korkyra. Carl Müllers Vermuthung, 'Fortassis borealis ille portus (Corcyrae urbis) ab obiecta insula nomen habebat', ist zurückzuweisen.

115) Geogr. v. Griechenl. II, S. 361.

116) Romanós bei Riemann p. 14. Partsch S. 67.

117) In Bloomfields Thukydidesausgabe v. J. 1842, Vol. I, p. 501.

118) Partsch S. 61.

119) Strabon X, p. 452.

120) ἐμ Μολοχᾶττι Ζ. 4.
121) ἐν Μινωία(ι) πο(τ)τῷ πόρῳ ἐσ[χ]άτω[ι] Ζ. 12 nach Ahrens de dial. II, p. 205. i. M. πο(ì) τῷ π. Dittenberger.
122) ἐπὶ Δικάρᾳ Ζ. 15.
123) ἐν Σχινούρι Ζ. 22.
124) Livius XXV, 24, 8: Epicydes ab insula, quam ipsi Nason vocant, citato profectus agmine — — — retro in Achradinam agmen convertit. Vgl. ebds. 29, 10.
125) Polyb. IX, 39, 2. Livius XXVI, 24, 15. 25, 10. Vgl. Bursian Geogr. v. Griechenl. I, S. 122.
126) Wer das Eiland heut zu Tage so nennt, weiss ich nicht. Keinesfalls aber kann diese Bezeichnung als eine dem Volke, welches doch Griechisch redet, geläufige gelten. An der trefflichen Arbeit von Partsch habe ich überhaupt das auszusetzen, dass sie öfters italienische, von den Eingeborenen nicht gebrauchte Ortsbenennungen gibt, wie z. B. Val di Ropa für Λιβάδι τοῦ 'Ρώπα, u. a. m. Offenbar hat der Mangel an ausreichender Beherrschung des Neugriechischen, welcher hie und da in den Monographien über Korfu und Leukas erkennbar wird, den unmittelbaren Verkehr des Verfassers mit dem Volke erschwert.
127) Partsch S. 61.
128) Aehnlich verhält es sich mit Vido-Ptychia, welches noch bis gegen den Anfang unseres Jahrhunderts von einem Olivenwalde beschattet wurde (Dodwell Reise durch Griechenl. I, 1, S. 54 f. d. d. Uebers. Partsch S. 61): jetzt ist es eine ganz öde, mit den Trümmern der gesprengten Forts übersäete Insel. Vgl. oben S. 20.
129) I. G. A. n. 346. Mustoxidi n. LXXXIII, p. 254 (woselbst die Säule abgebildet ist). Roberts n. 102. Vgl. auch Kirchhoff Studien S. 106[4]. Das Denkmal befindet sich jetzt in dem städtischen Museum der Alterthümer.
130) Mustoxidi p. 260, der auf Philitás' Artikel in der Gazetta ufficiale degli stati uniti delle isole Ionie v. J. 1845, n. 29 verweist, welche mir nicht zu Gebote steht. Vgl. auch Rangabé Antiquités helléniques II, n. 356.
131) Vgl. ausser Rangabé a. a. O. auch noch C. Wachsmuth im Rhein. Mus. XVIII, 1863, S. 576.
132) Pausanias II, 4, 7.
133) Livius XXXII, 23, 10: promunturium est adversus Sicyonem Iunonis, quam vocant Acracam, in altum excurrens; traiectus inde Corinthum VII fere milium passuum. Strab. VIII, p. 380: ἐν δὲ τῷ μεταξὺ τοῦ Λεχαίου καὶ Παγῶν τὸ τῆς Ἀκραίας μαντεῖον Ἥρας ὑπῆρχε τὸ παλαιόν. Eurip. Med. 1378s. ἐπεὶ σφᾶς τῇδ' ἐγὼ θάψω χερί, Φέρουσ' ἐς Ἥρας τέμενος Ἀκραίας θεοῦ. Apollod. I, 9, 28: λέγεται δὲ ὅτι φεύγουσα (n. Μήδεια) τοὺς παῖδας ἔτι νηπίους ὄντας κατέλιπεν, ἱκέτας καθίσασα ἐπὶ τὸν βωμὸν τῆς Ἥρας τῆς Ἀκραίας. Zenob. 1, 27: Κορίνθιοι θυσίαν τελοῦντες Ἥρᾳ ἐνιαύσιον τῇ ὑπὸ Μηδείας ἱδρυνθείσῃ καὶ Ἀκραίᾳ καλουμένῃ αἶγα τῇ θεῷ ἔθυον.

134) Hesych. unter Ἀκρία· ἡ Ἀθηνᾶ ἐν Ἄργει, ἐπί τινος ἄκρας ἱδρυμένη — — —. ἔστι δὲ καὶ ἡ Ἥρα καὶ Ἄρτεμις καὶ Ἀφροδίτη προσαγορευομένη ἐν Ἄργει, κατὰ τὸ ὅμοιον ἐπ' ἄκρῳ ἱδρυμέναι.

135) Mustoxidi p. 255 sagt: 'o foss' ella (la colonnetta) tuttavia nell' antico suo posto, o vi fosse poscia collocata'.

136) Gerade diese Aehnlichkeit hat einige misstrauisch gegen den Bericht Diodors gemacht und zu der Vermuthung geführt, dass hier eine chronologische Verwirrung vorliege. Allein dass die wiederholten korkyraeischen Bürgerzwiste, wie sie aus der nämlichen Ursache, dem wohl niemals völlig ausgeglichenen Gegensatze der Interessen zwischen Oligarchie und Demos, hervorgingen, so auch einen in mehrfacher Hinsicht ähnlichen Verlauf nahmen, war theils in den besonderen örtlichen Verhältnissen, theils in dem Umstande begründet, dass der Inselstaat den beständigen Zankapfel zwischen den hellenischen Grossmächten bildete. Aber den Aehnlichkeiten mit der thukydideischen Darstellung des früheren Bürgerkriegs stehen ebensoviele Verschiedenheiten gegenüber. Vgl. Pomtow Jahrb. f. class. Philol. 1883, S. 313, und oben Anm. 61.

137) Vgl. Volksleben der Neugriechen I, S. 45 ff.

138) In seiner vor kurzem erschienenen Monographie 'Die Insel Leukas', welche mir erst nach Ausarbeitung des grössten Theils dieser Schrift zu Gesicht gekommen, betont Partsch S. 9, dass nach Livius XXXIII, 17, 2 ebenso das leukadische Heraeon ausserhalb der Stadt sich befand, und fügt hinzu: 'So kehrt auch in der Topographie dieser korinthischen Kolonie die für Korinth längst bekannte, für Korkyra neuerdings nachgewiesene Eigenthümlichkeit der isolierten, freien Seelage des Hera-Tempels nördlich weit ausserhalb der Stadt wieder'. Die freie Lage der Heraeen in den korinthischen Pflanzstädten erklärt sich daraus, dass die Korinther Hera als Höhengöttin verehrten. Warum ein solches Heiligthum nothwendig 'weit ausserhalb der Stadt' angelegt werden musste, wenn in dieser selbst die natürlichen Bedingungen für seine Gründung vorhanden waren, ist nicht abzusehen. Dass die Korinther selbst nicht nur in ihrer Peraea, sondern auch am Aufgang nach Akrokorinthos ein Heraeon hatten, ist schon oben S. 41 bemerkt worden.

139) Ich will übrigens auch nicht unterlassen zu bemerken, dass ich aus Forchhammers Schilderung mir keine deutliche Vorstellung von der Lage jenes Doppelgipfels zu dem muthmasslichen Standort des Tempels der Hera Akraia habe bilden können. Der von ihm gemeinte lange Bergrücken 'mit zwei Spitzen an den Enden' liegt nördlich vom See Βουλιασμένη (vgl. auch S. 12). Das Heraeon aber pflegt gewöhnlich unmittelbar über der Westspitze der korinthischen Peraea angesetzt zu werden. Vgl. Curtius Peloponnesos II, S. 552 f.

140) Orioli bei Riemann a. O. p. 26.

141) S. Mustoxidi a. O. p. 270 ss., der im wesentlichen Oriolis Berichte in der Gaz. degli stati uniti delle isole Ionie, Jahrg. 1843 und 1846, wiedergibt. Philitás Διάλεξις περὶ τῆς ἐν Κερκύρᾳ Μενεκρατείου

ἐπιγραφῆς, ἐν Κερκύρᾳ 1844, zu Anfang. L. Ross Archäol. Aufsätze II, S. 564 ff. Bei Mustoxidi findet man auch eine Abbildung der Ausgrabungsstätte, in der Hauptsache dieselbe, welche bereits in der archäol. Zeitung IV, 1846, Taf. XLVIII, 1 nach einer Zeichnung des englischen Artilleriecapitäns Dixon veröffentlicht ist.
142) Vgl. über die Form und Beschaffenheit des Denkmals ausser den bereits Genannten auch noch Riemann a. O. p. 30, dessen Angaben übrigens nicht durchaus richtig sind. Der untere Theil des Rundbaues ist jetzt bereits wieder durch Erdreich verdeckt.
143) I. G. A. n. 342 (wo übrigens die Schriftzeichen viel zu dick ausgefallen sind). Mustoxidi n. CIII, p. 274 (darnach Riemann a. O. Pl. 2 mit einigen Berichtigungen der Schriftzüge). Philitás a. O., dessen Facsimile Ross a. O. Taf. XXI und im allgemeinen auch Roehl wiedergibt, u. a. In Minuskelumschrift auch bei Kaibel Epigr. gr. n. 179, Cauer Delectus inscr. gr. n. 83 der 2. Aufl., Blass in Collitz-Bechtels Samml. der griech. Dialekt-Inschriften III, S. 84, n. 3188. — Leider verfallen die hochalterthümlichen Schriftzüge jetzt immer mehr der Zerstörung durch Verwitterung des Kalksteins, während sie zur Zeit der Entdeckung des Denkmals und noch geraume Zeit hinterher, abgesehen von der zweiten Hälfte des vierten Hexameters und einer kleinen Stelle im fünften und sechsten Verse, vollkommen deutlich und lesbar waren.
144) Nach Mustoxidi p. 276 hat man im Inneren des geöffneten Grabmals gefunden 'un gran vaso di rozza terra cotta col suo coperchio, ed entrovi un vaso di rame, rotondo, roso dall' ossido, con altro appena minore pur di rame capovolto a guisa di coperchio, e quasi illeso, e fra mezzo un vasellino ed un bombilio con terra e ciottoli.' Philitás p. 6 s. führt, 'κατὰ τὰ λεγόμενα', nur 'χαλκόν τι λοπάδιον, καὶ ἐν ᾗ δύο πήλινα σκεύη μὲ γαίας ἀναφυρμένα καὶ χάλικας' an. Von Asche oder Gebeinen wird nichts erwähnt. Ich selbst habe auf Korfu keinen näheren Aufschluss darüber erhalten können. Ross a. O. S. 572 bemerkt mit Fug, dass, wenn die Leiche des Ertrunkenen gefunden worden wäre, dieselbe wohl in Oianthe hätte bestattet werden müssen.
145) Die Löwin ruht, die beiden Vordertatzen vorgestreckt, auf einer viereckigen Basis; ihr Haupt, an dem die sehr grossen Augen auffallen, wendet sich leicht nach rechts gegen den Beschauer, der Schweif zieht sich unter den rechten Hinterschenkel und kommt mit der Spitze vor der rechten Hintertatze wieder zum Vorschein. Das Bildwerk ist aus zwei Stücken zusammengesetzt, von denen das eine die Füsse und den unteren Theil des Leibes, das andere den Oberkörper und den Kopf bildet. Der Oberleib ist übrigens geborsten, und ein Stück desselben herausgebrochen. Eine treffliche Abbildung des hochinteressanten Denkmals findet man in den Comptes rendus de l'Académie des inscriptions et belles-lettres v. J. 1876, p. 271, mit einigen Bemerkungen von Albert Dumont über den Stil desselben (über diesen vgl. auch Riemann a. O. p. 41). Sehr schlecht dagegen ist die Lithographie bei Mustoxidi hinter p. 270.

146) Wie der in den Thermopylen auf dem Grabe des Leonidas aufgestellte Löwe (Herod. VII, 225), ferner derjenige in dem Polyandrion bei Thespiae (P. Stamatákis in den Πρακτικὰ τῆς ἐν Ἀθήναις ἀρχαιολ. ἑταιρίας 1883, p. 67 ss.) und der allbekannte von Chaeroneia. Vgl. auch das Epigramm in der Anth. Pal. VII 426.

147) Vgl. Riemann p. 52, n. 15.

148) I. G. A. n. 343. Mustoxidi n. CIV, p. 288 ss. Ross Archäol. Aufsätze II, S. 575 ff. mit Taf. XXII, u. a. Früher wurde in der ersten Zeile falsch abgetheilt Σᾶμα τόδε Ἀρνιάδα Χάροπος. τὸν δ᾿ ὤλεσεν Ἄρης (so noch Mustoxidi) statt Σ. τ. Ἀρνιάδα· χαροπὸς τόνδ᾿ ὤ. Ἀ. Es blieb Herrn Blass (a. a. O. S. 85, n. 3189) vorbehalten, aus nichtigen Gründen den Rückschritt zum Sohne des Charops zu vollziehen! — Der Ausdruck παρὰ ναυσίν zeigt, wie schon Ross hervorgehoben hat, dass Arniadas nicht in einem Seegefechte, sondern in einem Kampfe zu Lande beim Schiffslager seinen Tod gefunden hatte. Oberhummer Akarnanien S. 75 vermuthet nicht ohne eine gewisse Wahrscheinlichkeit, dass diese Schlacht, über welche die Geschichte schweigt, von den Korkyraeern bei dem Versuche, am Arattbos aufwärts vorzudringen, bevor Kypselos von Korinth seine Colonisten nach Ambrakia sandte, gegen die einheimische Bevölkerung geliefert wurde, lässt aber auch die Möglichkeit offen, dass zu Periandros' Zeit ein korkyraeisches Geschwader das korinthische Ambrakia gegen einen Angriff der Epeiroten unterstützte. — Man hat gemeint, vielleicht habe die oben erwähnte Löwin als ἐπίθημα auf dem Grabe des Arniadas gelegen (so auch Kaibel Epigr. gr. n. 180). Diese Vermuthung ist allerdings besser als der Gedanke von Ross, welcher die Löwin mit dem Grabmal des durch Schiffbruch umgekommenen Menekrates in Verbindung bringen wollte; aber die Fundberichte sind auch ihr nicht günstig (vgl. bes. Mustoxidi p. 272), und muss denn jenes Bildwerk durchaus auf einen bekannten Namen bezogen werden? Ausser Arniadas sind doch gewiss noch eine Reihe anderer im Kriege Gefallener hier bestattet gewesen!

149) I. G. A. n. 344. Roberts n. 100. Vgl. R. Bergmann im Hermes II, S. 136 (wo aber in der Copie der Inschrift drei Buchstaben irrthümlich wiederholt sind). Das alterthümliche dorische Capitell ist sammt der Inschrift abgebildet bei O. Puchstein Das Ionische Capitell (47. Progr. zum Winckelmannsfeste der arch. Ges. zu Berlin, Berlin 1887), S. 47, n. 39. — Das Material scheint einheimischer Marmor zu sein. Solchen gibt es am Pantokrator. Vgl. Bursian Geogr. v. Griechenl. II, S. 358.

150) In berichtigtem Facsimile bei Mustoxidi n. CI, p. 268, nach welchem der Stein (Marmor) im Jahre 1819 gefunden worden. Darnach I. G. A. n. 340 (schlecht bei Roberts n. 96). Vgl. Kaibel n. 181 a (Addenda) und Blass n. 3186.

151) Kirchhoff Studien zur Gesch. des griech. Alphabets S. 110 d. 4. Aufl.

152) Spätere Verbreitung des Isthmus sieht auch Partsch S. 65

als sicher an, wiewohl er nur an Anschwemmungen an der anderen Seite, am Rande der Lagune, denkt.

153) Vgl. Vischer Erinnerungen u. Eindrücke aus Griechenl. S. 23 f. Romanós i. d. Mittheilungen des d. archäol. Instit. in Athen II, S. 290. Die von letzterem angegebenen Fundstellen, der τὰ τρία γιοφύρια genannte Platz und die Kirche der Παναγία Μεγαλομμάτα, liegen in der oben bezeichneten Gegend.

154) Zuerst in der athenischen Zeitung Ὥρα vom 24. Sept. 1877, kürzer in den Mittheilungen a. O. S. 289 f. Der ausführlichere Artikel ist auch, ins Italienische übersetzt von Federico Albana, als besondere Broschüre sine loco et anno erschienen, begleitet von einigen Anmerkungen des Uebersetzers (ohne Zweifel in Korfu). Vgl. auch Rhein. Mus. XXXIV, 1879, S. 182 f. — Die Stele ist im Besitze eines Herrn Konopháos in Garitsa.

155) Diodor erzählt C. 46, 1, dass die Spartaner durch das Versprechen einiger verbannter Korkyraeer, ihnen die Insel in die Hände zu spielen, zu diesem Zuge veranlasst worden seien, was man im Hinblick auf die ähnlichen Vorgänge im fünften Jahrhundert geneigt sein kann als glaubwürdig anzusehen, wie denn auch die mir bekannten neueren Geschichtschreiber Griechenlands sämmtlich dieser Darstellung gefolgt sind. Aber ich möchte doch darauf hinweisen, dass, wenn Xenophon nichts hiervon erwähnt, sein Schweigen darüber in bestem Einklang steht mit dem, was er V, 4, 64 von dem milden Verfahren des Timotheos nach der Unterwerfung Korkyras. im Jahr 375 und seinen Folgen berichtet: οὐ μέντοι ἠνδραποδίσατο οὐδὲ ἄνδρας ἐφυγάδευσεν οὐδὲ νόμους μετέστησεν· ἐξ ὧν τὰς περὶ ἐκεῖνα πόλεις πάσας εὐμενεστέρας ἔσχεν. Darum würde es auch nicht rathsam sein, die beiden oben Anm. 61 erwähnten Anfragen der Korkyraeer beim Orakel von Dodona, die in die erste Hälfte des vierten Jahrhunderts zu gehören scheinen, zu Gunsten des diodorischen Berichtes in Anspruch nehmen zu wollen.

156) § 5: εἶχε δὲ καὶ μισθοφόρους σὺν τοῖς ἐκ Λακεδαίμονος μετ' αὐτοῦ στρατευομένοις οὐκ ἐλάττους χιλίων καὶ πεντακοσίων, eine Stelle, die man mehrfach missverstanden hat, indem man die Worte σὺν τοῖς — στρατευομένοις verkehrter Weise mit εἶχε statt mit οὐκ ἐλάττους verband. Richtig übersetzt stimmt sie mit der Angabe Diodors C. 47, 1 über die Zahl der στρατιῶται überein.

157) § 7: ἔπειτα δὲ κατεστρατοπεδεύσατο τῷ μὲν πεζῷ ἐπὶ λόφῳ ἀπέχοντι τῆς πόλεως ὡς πέντε στάδια, πρὸ τῆς χώρας ὄντι, ὅπως ἀποτέμνοιτο ἐντεῦθεν εἴ τις ἐπὶ τὴν χώραν τῶν Κερκυραίων ἐξίοι. Zu construiren ist natürlich εἴ τις τῶν Κ. ἐπὶ τ. χ. ἐξίοι. Die Worte ἐπὶ τὴν χώραν sollen hervorgehoben werden, daher ihre Stellung zwischen dem Pronomen und seinem Genetiv. Es hilft nichts, heut zu Tage kann man dergleichen Bemerkungen über selbstverständliche Dinge sich nicht ersparen: I. I. Hartman Analecta Xenophontea (Lugd. Bat. 1887), p. 383 will in Folge groben Missverständnisses der Stelle die Worte ἐπὶ τὴν χώραν streichen, und ich zweifle gar nicht daran, dass er Zustimmung findet.

158) ebds.: τὸ δὲ ναυτικὸν εἰς τἀπὶ θάτερα τῆς πόλεως κατεστρατοπέδευσεν, ἔνθεν ᾤετ' ἂν τὰ προσπλέοντα καὶ προαισθάνεσθαι καὶ διακωλύειν. πρὸς δὲ τούτοις καὶ ἐπὶ τῷ λιμένι, ὁπότε μὴ χειμὼν κωλύοι, ἐφώρμει.

159) § 20: τοὺς κατὰ τὰς πύλας τῶν πολεμίων, ein ziemlich ungenauer Ausdruck; denn dass die Abtheilung der Belagerten, welche, ohne Zweifel von Stesikles geführt (wie auch Diodor C. 47, 6 ausdrücklich sagt, nur dass er den athenischen Feldherrn nicht Stesikles, sondern Ktesikles nennt), den Ausfall unternommen hatte, ein gut Stück über die Stadtmauer hinaus vorgedrungen war, zeigt ja das Folgende ganz deutlich.

160) ebds.: οἱ δ' ἐπεὶ ἐγγὺς τοῦ τείχους ἐγένοντο, ἀνεστρέφοντό τε καὶ ἀπὸ τῶν μνημάτων ἔβαλλον καὶ ἠκόντιζον.

161) § 25: περιπλεύσας πρὸς τὸ χαράκωμα.

162) § 33: αὐτὸς ἐλθὼν καὶ σκεψάμενος τῆς χώρας ὅθεν τούς τε προσπλέοντας δυνατὸν ἦν ὁρᾶν καὶ τοὺς σημαίνοντας εἰς τὴν πόλιν καταφανεῖς εἶναι.

163) § 35: πλεύσας δὲ ἔνθα ἦσαν αἱ πολέμιαι τριήρεις.

164) ebds.: καταλαμβάνει — — εἰς τὴν γῆν τοὺς ἄνδρας ἐκβεβηκότας.

165) ebds.: μὴ μένειν ἐνταῦθα.

166) Im Texte des Xenophon heisst es § 35 αἱ δὲ ἀπὸ Συρακουσῶν νῆες ἅπασαι u. s. w., wozu Breitenbach anmerkt: 'Danach war das Schiff des Melanippos kein Syrakusisches'. Aber eine solche Annahme ist durch die voraufgehende Erzählung vollständig ausgeschlossen. Offenbar ist λοιπαί hinter αἱ δέ ausgefallen.

167) § 36: κατηγάγετο εἰς τὸν τῶν Κερκυραίων λιμένα.

168) Grote V, S. 382² d. d. Uebers. und Arnold Schaefer Demosth. u. seine Zeit I, S. 51¹ (57²) suchen die Erzählung Diodors auf ganz künstliche Weise mit Xenophon in Einklang zu bringen, wogegen ich Einspruch erheben muss.

169) τῶν πυρσωρῶν ἀγγειλάντων ὑφορμεῖν αὐτὸν νήσῳ τινὶ τῶν ἐρήμων.

170) Procop. de bello Goth. IV, 22, p. 575 der Bonner Ausg., welcher die ganze Gruppe unter dem Namen Ὀθονοί zusammenfasst, bezeugt, dass dieselbe zu seiner Zeit unbewohnt war. Vgl. über diese Eilande Bursian Geogr. v. Griechenl. II, S. 363 f. und besonders Partsch S. 70 f.

171) Eigentlich Accusativus der Pluralform Ὀθονοί, entstanden aus der üblichen Bezeichnung στοὺς Ὀθονούς. Vgl. das oben Anm. 65 über den Namen Korfu Bemerkte. Der von Procopius angegebene Gesammtname der Gruppe haftet demnach jetzt an der Hauptinsel.

172) Auf welche Quelle sein Bericht zurückgeht, ist unbekannt. J. Melber in den Jahrb. f. class. Philol., Supplementb. XIV, 1885, S. 572 hält es für möglich, dass er aus Ephoros stamme. Aber wer diesen Geschichtschreiber, wie ja wohl allgemein geschieht, als den Gewährsmann Diodors in C. 47, 7 ansieht, kann denselben nicht auch für Polyaen in Anspruch nehmen wollen.

173) Vgl. Riemann a. O. p. 25.

174) Die auf dem Grundstück des dortigen Priesters befindlichen Ueberreste waren durch das vom Hügel herabgeschwemmte Erdreich verschüttet worden. Weitere Nachgrabungen würden ohne Zweifel noch mehr ans Tageslicht fördern, sind aber nicht wohl ausführbar, weil die ganze Gegend dicht mit Fruchtbäumen besetzt ist, die man umhauen müsste. Eine Beschreibung der Ruine mit einem freilich sehr geringwerthigen Plane gibt Riemann p. 38 ss.

175) Vistona auf der Karte von Partsch, ebenso auf dem schlechten Kärtchen, das der Riemann'schen Schrift beigegeben ist.

176) S. die Beispiele bei Ahrens de dialect. II, p. 44 ss. Vgl. auch G. Meyer Griech. Grammatik S. 233 f. der 2. Aufl., und Blass Aussprache des Griech. S. 108 der 3. Aufl. — Im Inlaut bietet β für ϝ die korkyraeische Inschrift C. I. G. II, n. 1909 — Mustoxidi n. LXXXIV, p. 260: ὄρβος | ἱαροῦ κ|αὶ ὁσίου.

177) Vgl. Böckh zum C. I. G. I, n. 1323. Ahrens a. O. p. 46. Bursian Geogr. v. Griechenl. II, S. 152 f.

178) Vgl. Pausan. IV, 35, 1.

179) Vgl. Steph. Byz. p. 383 Mein.

180) Vgl. Partsch S. 78. Hierzu rechne ich auch den Bergnamen Πυλίδες (Plural. von πυλίδα, d. i. πυλίς), bei welchem Partsch S. 76 unbegreiflicher Weise an das albanesische pül (Wald) denkt. Wenn die Landleute Bilides oder Bilida sprechen (Partsch S. 18 Anm.), so wird dadurch die Ableitung von πύλη keineswegs widerlegt, denn π wird auch sonst öfters vom Volke wie μπ = b gesprochen. Ich verweise der Kürze halber nur auf die von K. Foy Lautsystem der griech. Vulgärspracho S. 25 angeführten Beispiele, die sich noch vermehren liessen.

181) Auf die Etymologie von Ἰστώνη lasse ich mich nicht ein. Grasberger Studien zu den griech. Ortsnamen S. 166 will wissen, dass es ʻStaufen' bedeute, wie schon von Pape-Benseler, freilich nicht so zuversichtlich, vermuthet worden. Ob der Name überhaupt ursprünglich hellenisch oder nur hellenisirt ist, muss dahingestellt bleiben: er könnte wohl auch von den Liburnern herrühren, die die Insel vor den hellenischen Siedlern bewohnten (Strab. VI, p. 270), also illyrisch sein.

182) Vgl. den sehr ähnlichen Fall Thukyd. IV, 109, 2 ὁ Ἄθως αὐτῆς (d. i. τῆς Ἀκτῆς) ὄρος ὑψηλὸν τελευτᾷ ἐς τὸ Αἰγαῖον πέλαγος. Denn dass hier αὐτῆς von τελευτᾷ abhänge, wird nicht leicht jemand Classen glauben.

183) Ἰστώνη, ὄρος προσεχὲς τῇ Κερκύρᾳ. Θουκυδίδης τρίτῃ. τὸ ἐθνικὸν Ἰστωναῖος ὡς Τορωναῖος. Unter τῇ Κερκύρᾳ kann hier nur die Stadt verstanden werden, wie der Ausdruck προσεχές zeigt. Aber die Lage des Berges in der Nähe der Stadt ist ganz mit Unrecht aus der Thukydidesstelle geschlossen, wie ich oben nachgewiesen habe. Stephanos oder sein Gewährsmann ist also hinsichtlich der Auffassung derselben sonderbarer Weise in den nämlichen Irrthum verfallen wie die Neueren. — Das Wort Ἰστωναῖος findet sich bei Thukydides nicht, ist aber schwerlich auf eine andere Quelle zurückzuführen: es wird einfach nach der Analogie gebildet sein.

— 98 —

184) Vielleicht diente der Stein, wie man vermuthet hat, zur Bezeichnung der Grenze eines Grundstücks, das einer gleichnamigen Ortsnymphe geweihet war.

185) Θεοῖς Διοσκόροις Ἰστωναίοις | Λ. Αὐρήλιος Φερεκύδης, ἀπελεύθερος | Σεβαστοῦ τοῦ Ἀντωνείνου Σεβήρου, | ἐπιστ(άτης) Κερκυραίων | ἀνέθηκεν.

186) S. Ross Griech. Königs-Reisen I, S. 199. Curtius Peloponnesos II, S. 185. Bursian Geogr. v. Griechenl. II, S. 178.

187) Ross a. a. O. Curtius a. O. I, S. 428 und 450, Anm. 8.

188) Ross a. O. I, S. 95. Bursian a. O. I, S. 191 f.

189) So z. B. wird der höchste Berg der Insel Aegina, das Panhellenion der Alten, von den Eingeborenen τὸ ὄρος genannt (Ross Erinnerungen u. Mittheil. aus Griechenl. S. 141. Bursian Geogr. II, S. 84), und die Chelydorea, das Grenzgebirge zwischen Arkadien und dem Gebiete der Achaeer von Pellene, heisst jetzt τὸ μαῦρον ὄρος (Bursian a. O. S. 183).

190) z. B. in dem apotropaeischen Ausrufe στὰ ἄγρια ὄρη, über welchen ich gelegentlich an andrem Orte zu handeln gedenke.

191) Auf Kreta ist nach Pashley Travels in Crete I, p. 81, A. 12 der Plur. ὄρη allerdings noch im gewöhnlichen Gebrauche, bezeichnet aber hier 'the loftier parts of any high mountains'. Es ist also doch eine Verengerung der Bedeutung eingetreten, und Pashley fügt ausdrücklich hinzu, dass er sonst nirgendwo in den griechischen Landen das Wort im allgemeinen Gebrauche gefunden habe.

192) Curtius Peloponn. I, S. 215, A. 25. Zu den hier für diesen Gebrauch beigebrachten Belegstellen ist noch hinzuzufügen Phlegon Mirab. 4, p. 130 West. ἐν τῷ ὄρει τῷ ἐν Κυλλήνῃ.

Emendirte Stellen.

Thukyd. III, 85, 4 . . . . S. 66
Xenoph. Hell. VI, 2, 35 . . . . - 96
                                                                            Anm. 166

Register.

α Vorschlagssilbe im Neugriech. 85, 63.
Achaïa, Name der Landschaft in den Dorfnamen Κάτω-Ἀχαΐα und Ἀπάνω-Ἀχαΐα fortlebend 64.
Aegina 10.
Agora 10. 25. 26 f. 42. 45. 49.
ἀγριοπέλαγο 19. vgl. 60.
ἀγριοθάλασσα 19. vgl. 60.
ἀκραία Beiname der Hera in Korinth 41.
Ἀκρία d. i. Hera 41.
Akrokorinthos 41.
Akropolis 10. 25. 27 f.
Aktion 5 f. 68, 6.
Ἀλεύκι 18. 85, 68.
Alketas Molosserfürst 51.
Alkidas spartanischer Nauarch 8. 12. 13. 77, 33. Charakter 77, 35. seine Vorbereitungen zum Zuge nach Korkyra in Kyllene 74.
Alkinoos 22. sein Temenos 9. 22. 32 f. 70, 14.
Alkinooshafen 22 ff. 38. 44. 49. 53 f. 55 f. 58.
Ἀλλανίς korkyraeische Kome 39.
Ambrakia 94, 148.
Anaktorion 7.
ἀνάληψις, Kirche τῆς ἀναλήψεως 19. 27. Dorf gleichen Namens 27.
Analipsis-Halbinsel 19. 20. 21. 22. 55.
ἀνδρακοδίζειν und ἀνδρακοδίζεσθαι (Med.) bei Thukyd. 84, 60.
ἀνιστάναι 73, 24.
Ἀπόλλων Ἐριθάσιος, sein Heiligthum in Attika 71, 15.
Arakli-Gebirge 60.
Aratthos, Schlacht am A. 48. 94, 148.
Archias Oikist von Syrakus 21.
Ἀρκαδία, Name der Landschaft auf eine Stadt übertragen 64.

Arniadas 48. 94, 148. Alter seiner Grabschrift 48 f.
Arsenal 10. 23. 25 ff. 42. 73, 20. 88, 89. in Syrakus 26. 87, 83.
Asklepios 31. 89, 104. Asklepieien in Athen, Peiraceus, Epidauros, Thasos 89, 98.
Atalante Insel 64.
Aufidius Cn., röm. Praetor, von den Rheginern geehrt 27.
Aurelius, L. Aur. Pherecydes, Freigelassener des Antoninus Severus, ἐπιστάτης Κερκυραίων 98, 185.
αὐτός gegensätzlich vorangestellt 84, 60.

β aus Digamma hervorgegangen 62. 97, 176.
Βενίτσα, s. Venitsa.
Βίτυλο Dorf in Lakonien 62.
βουναία Beiname der Hera in Korinth 41.
Brasidas 8. 12. 78, 85.
Butbroton 59. 80.

χάρακες 70, 14.
Chares athenischer Feldherr 85, 61.
Cheimerion in Thesprotien 6.
Chersikrates Oikist von Korkyra 21. 41.
Citadelle 20. 36 ff.

Demosthenes athen. Feldherr 15.
Digamma 62. 85, 61.
Dionysios, Sohn des Phrynichos, Athener 26.
Dionysios, Tyrann von Syrakus 51. 53. 56.
Dionysische Spiele 33.
Dionysos, sein Tempel 14. 33.
Dionysosmaske 33.

7*

Dioskuren, ihr Heiligthum in der Stadt 11. 33 f. in Istone 34. 64.
Dodona, Orakel von D. 85, 61.

ἐπήρεια, κατ' ἐπήρειαν 67, 3.
Epidamnos 4 f. 8. 49.
ἐπιμαχία zwischen Korkyra und Athen 68, 10.
ἐπιστάτης Κερκυραίων inschriftl. 98, 185.
Erikusi Insel, altgr. Ἐρικοῦσα 57.
Esplanade 20. 37. 40 f. 58.
Euphemia, Nonnenkloster der heil. Euph. 26. 27. 32. 33. 41. 42. 45. 46.
Eurymedon athenischer Strateg 13. 14. 15. 34. 59. 78, 36. 79, 41. 83, 56.

Festung, alte 20. vgl. Citadelle. neue 20. auf Vido 20.
Feuerzeichen der peloponnes. Flotte gegeben 76, 33.
Fort Abraham 54 f.

Garitsa Vorstadt 20. 46. 47. 86, 66.
Gasturi Dorf 60.
Golf von Korfu 19. 59.

Hafen an der Agora 10. vgl. Alkinooshafen und hyllaïscher Hafen. dritter Hafen des Skylax 23. 24. 38.
Hagia Kyriaki Hügel 60.
Ἅγιοι Δέκα Berg 18. 60.
ἅγιοι Θεόδωροι Kloster 46.
ἁλία 26.
Heraeon 5. 11. 12. 13. 34 ff. 78, 40. in Leukas 92, 138. Heraeen in Kórinth 41. 45. 92, 138 u. 139.
Ἡραῖς Stadttheil 39. 46.
ἥρως ἰατρός, sein Heiligthum in Athen 89, 98.
Hygieia 89, 104.
Hyllaïscher Hafen 10. 13. 22 ff. 38. 44. 50. 55. 56.
Ὑλλεῖς dorische Phyle 22. 87, 73.
Hypermenes Unterbefehlshaber des Mnasippos 52 f. 54. 55 f.

Iapygisches Vorgebirge 56.
Insel vor dem Heraeon 11. 34 ff.
Iovianus Erbauer einer christlichen Kirche in der Palaeopolis 32. 90, 105.

Iphikrates athenischer Feldherr 51. 52 f. 56 f.
Isthmus 19. 21. 37. 46. 48. 50. 55. 94, 152.
Istone 14. 15. 59 f. 62 ff. 97, 181.
Castell von 1. 34. 59. 62. 84, 60.
Ἰστωναῖος 97, 183. 98, 185.

Καβάκι Berg 86, 64.
Kanoni Aussichtspunkt 28. 32.
Name 88, 91.
Kuntharos attische Kriegswerft 24.
Kardaki 29. Quelle und Tempel von K. 29 ff.
Karneasion heil. Hain bei Andunia 71, 15.
Kassiope 34.
Kastrades, Bai von K. 19. 22. 24. 42. 55. 57. Vorstadt 20.
Καταχαλοῦ Hügel 50.
Konon athenischer Strateg 43 f. 45.
Korfu, Name 20. 86, 65. Natur 80.
Korkyra, Lage 21. 86, 71. vor den hellenischen Siedlern von Liburnern bewohnt 97, 181. Gründung der korinthischen Colonie 21 f. 86, 72. wirthschaftliches Bild der Insel im Alterthum 80. Bevölkerungszahl 80. politische Verhältnisse in den letzten Zeiten vor dem peloponnesischen Kriege 67, 2. Charakter der Demokratie zur Zeit dieses Krieges 72, 17. 81, 45. Charakter der Aristokratie 25. 81, 45. Stärke der oligarchischen Partei 76, 29. vgl. 78, 39. Bürgerkrieg v. J. 410 v. Chr. 43 ff. 85, 61. 92, 136. Parteikämpfe d. J. 361 v. Chr. 85, 61. Anfragen des Staates beim Orakel von Dodona 85, 61. 95, 155.
κρατεῖν τῆς γῆς 82, 46—47.
Κρηστών und Κρηστώνη 62.
Krinippos syrakusischer Admiral 57.
Κρότων und Κροτώνη 62.
Ktesikles, s. Stesikles.
Kyllene, Bergname auf die ganze Gebirgslandschaft ausgedehnt 65.
Kyloneier 73, 24.
Kyparissiae 64.
Kypselos von Korinth 94, 148.

Lagune 19. 46. 50.
Leukas 13. 88. 53. Berg Evthelika = Gipfel des h. Elias 77, 33. Isthmus 38. Dioryktos 78, 35.

Leukimma Vorgebirge 5. 6. 12.
68, 5. 85, 63. Seeschlacht von
L. 5. 67, 2. 68, 6—7. 68, 10.
Liburner 97, 181.
Λίμνη τοῦ Χαλικιόπουλου 19. 22.
Lipara 39.
Löwen auf den Gräbern gefallener Krieger 94, 146.
Löwin Grabdenkmal 47. 93, 145. 94, 148. Alter 49.

Manduki Vorstadt 20. 54.
Marina, Kirche d. h. M. 28.
Markt, s. Agora.
Melanippos Rhodier 53. 96, 166.
Melite See 39.
Menekrates von Oianthe, Proxenos der Korkyraeer 47. sein Grabdenkmal 47. 49. Alter der Grabschrift 48 f.
Μέση 18. vgl. 54.
Messenier von Naupaktos 11. 13. 43 ff. 78, 36.
Μεταμόρφωσις τοῦ Σωτῆρος, Mönchskloster 19.
Metrodoros, Mauer des M. 31.
Mheixis, Vater des Xenvares 48.
Minoïa 39.
Mnasippos Spartaner 51 f. 54. 55 f.
Molokas 39.
Mosaik 32.
Museum, städtisches 32. 47. 48. 89, 104.
Mysterieninschrift von Andania 71, 15.

νᾶσος der Korkyraeer 39 ff. in Syrakus 39. im See Melite 39.
ναώριον inschriftl. 88, 89.
Nekropole 46 ff. 52. 55.
νεώριον, s. Arsenal.
νεωτερίζειν bei Thukyd. 76, 31.
Nikostratos athenischer Strateg 11. 74 f. 75, 27. 76, 29. 77, 34. 78, 36. 79, 41. der Skambonide 75, 24.

Oianthe 47.
Oiniadae 39.
Οἴτυλος 62.
Oros, s. στὸ Ὄρος.
ὄρος in der Vulgärsprache 65. 98, 189—191.
Ortsbezeichnungen durch εἰς in der Volkssprache 85, 62. 86, 65. 96, 171.
Ortygia 21. 86, 70.
Ὄθονοί Inselgruppe 96, 170.

Othonus Insel 57.
Ὀθρωνός Insel 57.

π wie b gesprochen 97, 180.
Paches athenischer Strateg 73, 24.
Παλαιόπολις 21. 28 ff.
Παναγία Βλαχέραινα, Nonnenkloster 19. Π. Μεγαλομμάτα, Kirche 95, 153. Panagia von Palaeopolis, Kirche 32. 46. 90, 105.
Panegyris 88, 95.
Παντελέημονας Passhöhe 86, 64.
Pantokrator Berg 18. 57. 59. 65. Marmor daselbst 94, 149. Aussenwerk 47.
πεδίον 39.
Peiraeeus, grosser Hafen des P. 24.
Πειθείας in einer korkyr. Grabschrift 70, 11.
Peithias Führer d. korkyraeischen Demokratie 9. 70, 12 und 13. 71, 14. 72, 17.
Peraea der Korkyraeer 14. 59. 79, 44. 80. der Korinther 41.
Periandros von Korinth 94, 148.
Phaeaken 22.
Phalios Korinther 4.
Philistion, Grabschrift der Ph. 50.
φίλοι im politischen Sinne 69.
Phormion Befehlshaber der attischen Wachtschiffe bei Naupaktos 69.
φθείρειν, Bedeutung bei Thukydides 61.
Polynova, Grabschrift der P. 48. Alter derselben 49.
Ποντικονῆσι 19. 28. 36. 55.
Praximenes, Bruder des Menekrates 47.
προστάται τοῦ δήμου in Korkyra 70, 12. in Tegea ebds.
Proxeniedecrete, korkyraeische 26. 87, 87. von Rhegion 27. von Tegea 70, 12.
Proxenoi der Korkyraeer in Korinth 8. Grundstücke vom Staate für seine Proxenoi zur Nutzniessung angekauft 38.
Ptychia 15. 34. 39. 54. 59.
Πυλίδες Berg 97, 180.
Pylos 15.

Quarantäne 20.

Rathhaus der Korkyraeer 9. von Rhegion 27. heutiges R. in Korfu 48.
Rhede von Korfu 20. 23. 44. 54.

— 102 —

Salvatore Aussenwerk 47.
Scheria 21.
Schinuris 49.
Schlange, eherne in einem korkyraeischen Heiligthum 31.
Schloss, königliches 47.
Schlossgarten 58.
σκευθήκα inschriftl. 88, 89.
Sophokles athenischer Strateg 14. 16. 34. 59. 83, 56.
Stadtmauer 46. 52. 55.
Stadtthore 55.
Σταυρός Berg 18. 58.
Steinsärge 50.
Stesikles athenischer Feldherr 51. 96, 159.
στά Ὄρος 18. 65. 85, 62. 86, 64.
Strafen auf Beschädigung heiliger Haine gesetzt 2. 71, 15.
Subject erweitert 76, 29.
Sybota Hafen in Thesprotien 7. 12. Entfernung von Leukas 76, 83.
Sybota-Inseln 6. 7. Seeschlacht bei Sybota 6 f. 76, 29. Zeit der Heimkehr der gefangenen Korkyraeer aus Korinth 69.
Syrakus 21. 26.

τὰ Γύρον 18. 86, 64.
Talanti, Städtchen in Lokris nach der Insel Atalante benannt 64.

Ταλαντονήσι 64.
τάξασθαι in technischem Sinne 71, 16.
Terracottafiguren 90, 107.
Thongefässe aus der Nekropole 47. 48.
Thukydides, ungenaue Ausdrucksweise bei Th. 68, 8. 77, 34.
Timotheos athen. Feldherr 51. 95, 155.
Tlasias, Vater des Menekrates 47.

Venitsa Dorf 58.
Vido Insel 20. 34. 91, 128. Name 86, 67.
Villa, jetzige königliche 27. römische 58.
Vistonas Dorf 62 f.
Vorstadt Korkyras 58.

Weihgeschenke Geheilter 30 f. 88, 98.

Xenvares, Grabschrift des X. 48.
ξύμμαχοι im weiteren Sinne 69.

Zakynthier 51.
Zakynthos 15.
Zeus, sein Temenos 9. 32. 70, 11.

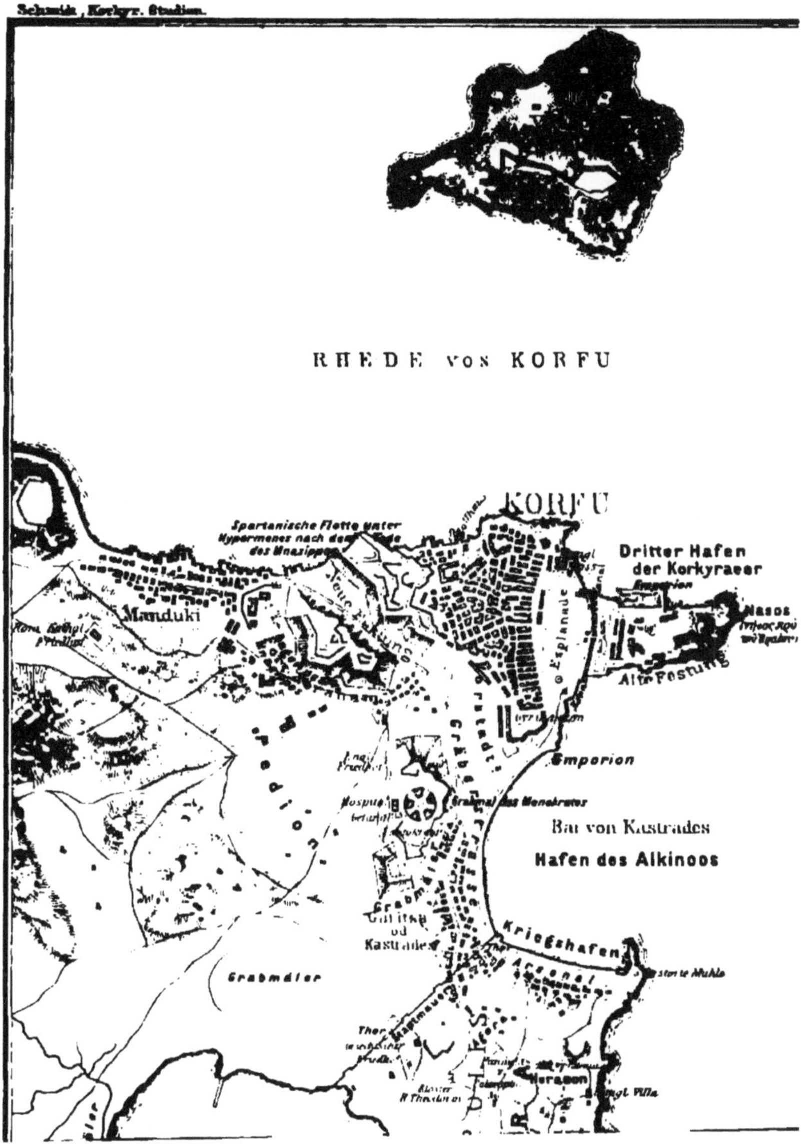
RHEDE von KORFU
KORFU
Spartanische Flotte unter Hypermenes nach dem Tode des Mnasippos
Dritter Hafen der Korkyraeer
Emporion
Nasos
Manduki
Esplanade
Alte Festung
Emporion
Bai von Kastrades
Hafen des Alkinoos
Grabmal des Menekrates
Kriegshafen
Arsenal
Grabmäler
Heraeon
Kgl. Villa

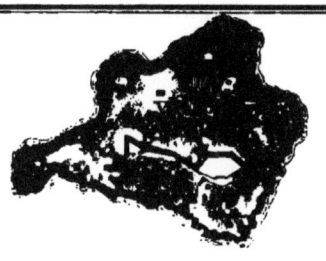

Verlag von B. G. Teubner in Leipzig.

Durch alle Buchhandlungen sind zu beziehen:

Griechische
Märchen, Sagen
und
Volkslieder
gesammelt, übersetzt und erläutert

von

Bernhard Schmidt.

[283 S.] gr. 8. 1877. geb. n. ℳ 6.—

Die Thorfrage
in der
Topographie Athens.
Von

Bernhard Schmidt.

[44 S.] 4. 1879. geb. n. ℳ 2.—

Verlag von B. G. Teubner in Leipzig.

Durch alle Buchhandlungen sind zu beziehen:

Das
Volksleben der Neugriechen
und das
hellenische Alterthum.

Von

Bernhard Schmidt.

Erster Theil.

gr. 8. 1871. geh. n. ℳ 5.—

Αβελ, Ο., ἡ μέχρι Φιλίππου ἀρχαῖα ἱστορία τῆς Μακεδονίας συνταχθεῖσα μέν, μεταφρασθεῖσα δὲ ὑπὸ Μ. Γ. Δημιτσα. [XX u. 316 S.] gr. 8. 1860. geh. ℳ 4.50.

Anthologia graeca carminum christianorum. Adornaverunt W. Christ et M. Paranikas. [CXLIV u. 268 S.] gr. 8. 1871. geh. n. ℳ 10.—

Büdinger, Max, mittelgriechisches Volksepos. Ein Versuch. [31 S.] gr. 8. 1866. geh. ℳ —.75.

Carmina graeca medii aevi edidit Guilelmus Wagner, Professor Hamburgensis. [XV u. 382 S.] gr. 8. 1874. geh. n. ℳ 9.—

Carmina popularia Graeciae recentioris edidit Arnoldus Passow. [XI u. 650 S.] gr. 8. 1860. geh. n. ℳ 14.—